にほんご

日本語 名文 読解

姜錫元 篇著

日本語
名文 読解

강석원 편저

동국대학교출판부

머리말

최근 우리나라의 일본어 학습 열기를 보면 놀라운 데가 있다. 대학은 물론 중고교, 나아가 일반 직장인에 이르기까지 그 학습 열기를 볼 때 실로 대단하다는 느낌이다. 이는 반세기 전의 모습과 비교하면 그야말로 상전(桑田)이 벽해(碧海)가 된 것과도 같은 감회이다.

편저자는 일본 연구자로서, 대학에서 일본어 및 일본문학을 강의하기 어언 4반세기를 헤아리게 되었다. 그동안 일본고전문학과 일본문학사를 중심으로 일본문학 전반에 걸친 강의와 함께 초급과정에서부터 고급과정의 일본어 강독에 이르기까지 폭넓은 분야의 강의를 담당해 왔다. 그러한 가운데 수준과 능력에 따라 학생들의 취향 역시 다양성을 보이고 있음을 이해하게 되었다.

본서는 대학에서 초급 일본어 학습 과정을 성실히 마치고 전공과목 이수에 필요한 독해력 향상을 원하는 학생이나 일본어 실력의 한 단계 업그레이드를 원하는 일반 학습자를 대상으로 하여 만들어졌다. 따라서 어휘력의 배양, 문법 지식의 확립, 일본어 특유의 표현 양식 습득

등에 특히 유의하였다.

 그러나 단순한 독해력 향상에 머물지 않고 그와 함께 일본의 실상도 이해할 수 있도록 일본의 대표적 작가의 작품을 위시하여 우화·전설·수필 그리고 일본인의 정서가 담긴 전통 운문학인 와카[和歌]와 하이쿠[俳句]에 이르기까지 폭넓은 분야를 학습토록 하였다. 이를테면 본서의 학습을 통하여 독해력 향상과 일본문화 이해라는 두 마리 토끼를 잡을 수 있도록 배려한 것이다.

 그리고 보다 심도 있는 학습이 필요하다고 판단되는 대목에 있어서는 이를 보충 설명할 수 있도록 본서를 교재로 사용하는 분들을 위해서도 배려하였다.

 본서에 수록된 원문은 외국인을 위한 일본어 교재로서 가장 탁월하다는 평판을 얻고 있는 일본의 『日本語読本』(国際学友会日本語学校編)을 중심으로 구성하였다. 본서가 나오기까지 吉本一 교수로부터 많은 도움을 받았으며, 삽화는 박진효씨가 수고하여 주었음을 밝힌다.

 본서의 학습을 통하여 소기의 학습 성과를 거두고 나아가 일본문화 이해에 도움을 얻을 수 있다면 더없는 보람으로 여기겠다.

2007. 7.
남산 아래 연구실에서
편저자 씀

차 례

머리말 | 5

01. 笑い話 … 9
02. 浦島太郎 … 21
03. たなばた … 31
04. お月見 … 39
05. 象の目方 … 49
06. かきえもん … 57
07. 良寛さま … 69
08. 野バラ … 89
09. ひとふさのぶどう … 105
10. くもの糸 … 143
11. 山と旅 −山路のすみれ− … 169
12. 故事から生まれた言葉 … 187

01

笑い話

ある所に村じゅうでいちばんけちだといわれているチンというおじいさんが住んでいました。そして、自分でもそうだと思っていました。
　ところが、となり村に「出すものは舌を出すのもいやだ。」というものすごくけちなソウというおじいさんのいることを聞いて、ある日むすこに向かってこう言いました。
　「うちでは、こんなにしまつしてくらしているのに、このうえしまつをしたら、何も食べずにくらさなければならない。いったい、となり村のソウさんはどんなくらしをしているのか、行って教えを受けておいで。」
　「はい、はい。『善は急げ』と言いますから、さっそく行って、教わって来ましょう。」
　そう言ってむすこが出かけようとすると、チンおじいさんがよ

びとめて、小銭を一まいわたして言いました。
「大先生のところへうかがうんだから、何かみやげを持って行かなければなるまい。ちょっと市場までひとっ走りして、紙を一まい買って来ておくれ。」
むすこはさすがに村じゅうでいちばんのしまつやの子だけあって、一文で二まいも買える、いちばん安いぺらぺらの紙を買って来ました。
「感心、感心。一まいと二まいとじゃ、倍ちがうからね。」
おじいさんは満足そうに、にこにこしながら、一まいを引出しにしまい、あとの一まいをまた半分に切って、それにまるまるとしたぶたの頭をかきました。
「これなら大先生にさしあげてもはずかしくはあるまい。」
チンおじいさんはそれを大きなかごに入れて、むすこに持たせました。むすこはそのかごを持ってとなり村のソウ大先生の家をたずねました。
ところが、あいにく大先生はるすで、代わりにむすこが出て来ました。
チンおじいさんのむすこは、ていねいにおじぎをして、教えを受けに来たことを話し、大きなかごをみやげに出しました。
「これは、これは、ごていねいにおそれいります。あいに

く、父が不在でございまして……。」
と言いながらソウ大先生のむすこはかごの中からぶたの絵を取り出しました。そして、

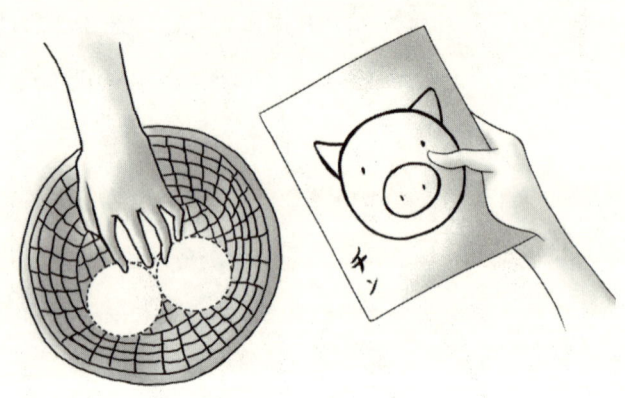

「何もお返しするものがございませんが、まあ、みかんでも……。」
と言いながら、かごにみかんを三つ入れるかっこうをしました。
　チンおじいさんのむすこはそれをだいじそうに持って家に帰りました。それを見て、チンおじいさんは感心して、
「さすが大先生だけあって、ちがったものだ。紙一まいも使っていない。」
と言いました。

ところで、こんどは話が変わってソウ大先生の家です。夕方になって大先生が帰って来ました。待ちかねていたむすこはすぐとなり村のチンおじいさんのむすこが教えを受けに来たことをつげました。するとソウおじいさんはさっそくむすこに聞きました。
　「で、みやげを何か持って来たかね。」
　「はい、これです。」
　むすこがさし出したぺらぺらの紙にかいたぶたの絵を見ると、
　「ふむ、これはりっぱなものだわい。」
と、大先生は、みやげのぶたが気にいったのか、それとも、となり村のチンおじいさんのけちんぼうに感心したのかわからないようなひとり言を言って、
　「お返しはどうしたかね。」
とむすこにたずねました。
　「みかんを三つ入れるかっこうをして返しました。」
　こう言って、みかんをつかんでかごに入れるまねをして見せると、大先生は急に声を大きくして、
　「このばかものめが。」
とむすこをしかりつけました。
　「その手つきだと、よほど大きいのを入れたろう。なぜもっと小さいのを入れなかった。」

01　해설

* 村じゅう : 接尾語「じゅう」→ 범위나 시간의 전체를 나타냄.　　▶ 世界〜 전 세계.
　　一日〜 하루 종일.

* けち : 인색함. 째째함. 또는 그 사람.
　= しみったれ.

* 息子(むすこ): 아들(자식) ↔ 娘(むすめ)

* 始末(しまつ) : ① 처음과 끝. ② 일의 전말. 자초지종. ③ 정리, 처리. ④ 모양. 꼴(주로 좋지 않은 경우에 쓰이는 일이 많음). ④ 절약. 검약.　　▶ 〜屋(や). 절약가

* 善は急げ : 〈諺〉좋은 일은 서둘러라 (쇠뿔도 단김에 빼라).

* 小銭(こぜに) : 잔돈.

* 土産(みやげ) : ① 여행지에서 구해 가지고 돌아온 그 지방의 산물.
  ② 남의 집을 방문할 때 가지고 가는 선물 = 手(て)～.

▶ ～話(ばなし). 여행 중에 견문한 이야기.
▶ 贈(おく)り物(もの). 선물 = 進物(しんもつ). プレゼント.

* なるまい : 助動詞「まい」
  ① 의미 : ⓐ「부정의 추량」을 나타내「…ないだろう」의 뜻.
  ⓑ「부정의 의지」를 나타내「…ないつもりだ」의 뜻.
  ② 접속 : 五段活用動詞의 終止形에, 그 외의 動詞의 未然形에 (단, サ変은「せまい」「しまい」「すまい」「するまい」등 다양함).

* ひとっぱしり :「一走(ひとはし)り」의 音便. 한 번 뜀. 한 차례 달림. 잠깐 뜀.

* 子だけあって :「だけあって」→ (한정하는 의미로) ～인 만큼.

* 満足そうに : 形容動詞「満足だ」+ 様態

의 助動詞「そうだ」. → 助動詞「そうだ」에는 ① 様態, ② 伝聞의 용법이 있는데, 様態를 나타낼 때,
  ⓐ 動詞의 경우에는 連用形에,
  ⓑ 形容詞·形容動詞인 경우에는 語幹에 접속한다.
  ☞ 飛びそうだ. 날 것 같다. 強そうだ. 센 것 같다. 正直そうだ. 정직한 것 같다.

▶ よい→よさそうだ. ない→なさそうだ.

* 留守(るす) : 집에 없음. 부재중.

▶ ～番(ばん). 집을 지킴, 또는 그 사람.

* 丁寧(ていねい) : 정중함. 공손함.

* 辞儀(じぎ) : (머리를 숙여) 절함. 인사.

▶ ① 일반적으로 「お～」의 꼴로 쓰임. ② 비슷한 말에 「挨拶(あいさつ)」가 있는데, 이 말은 단순한 인사의 뜻으로 쓰이는 일이 많고 「辞儀」에 비해 非行動的임.

* 教えを受けに来た : 動詞의 連用形 + 助詞「に」 + 동작을 나타내는 動詞
  ☞ 「受け」 + 「に」 + 「来た」. 받으러 왔다.

▶ 이때의 「に」는 목적을 나타냄.

* これは、これは : 感動詞로서 「이런 이런」, 「이것 참」 등의 뜻임.

* 不在でございまして :「ございまして」의 基本形「ござる」는「ある」의 공손한 말로,「不在でございます」는「不在であります」(또는「不在です」) 보다 공손한 표현임.

* お返しする : 接頭語「お」+ 動詞의 連用形 +「する」→ 謙讓의 표현법임. 따라서「お返しする」는「返す」라는 동작을 낮추어 말할 때, 즉 겸손하게 말할 때 쓰는 표현법임.
  ☞ カバンをお持ちする. 가방을 들어 드리다.

▶ 接頭語「お」+ 動詞의 連用形 +「になる」는 尊敬의 표현법이므로 혼동해서는 안 됨.
☞ カバンをお持ちになる. 가방을 들으시다.

* 恰好(かっこう) : 모습. 모양. 꼴.
  ☞ ～をする. 모습을 하다. 시늉을 하다.

▶「恰好」는 그때그때 보이는 사물의 외형을 나타내는 뜻으로서, 뒤에 나오는「真似(まね)」와는 의미가 전혀 다른 말임.「真似」는 다른 것을 흉내내거나 모방하는 것을 말함.
☞ 人の真似がうまい. 남의 흉내를 잘내다

* 待ちかねて : 動詞의 連用形 +「兼(か)ねる」
  → ～(하)기 어렵다.
  ☞ 待ち兼ねる. 기다리기 어렵다. 鶴首苦待하다. 申し兼ねますが. 말씀드리기 어렵습니

다만. 말씀드리기 죄송합니다만.

* 告げる : 고하다. 알리다.

* で :【接】「それで」의 준말. 그래서. 그러니까.

* ものだわい : 「わい」는 老人語로서 영탄을 나타내는 終助詞. ~군.
☞ りっぱなものだわい. 훌륭한 물건이로군.

* けちん坊 : 인색함, 또는 그 사람. 구두쇠. 노랑이.

* 独り言 : 혼잣말. 독백.
☞ ~を言う. 혼잣말을 하다.

* まねをする : 흉내를 내다.

* 馬鹿者奴 : 바보 같은 놈. →「め」는 体言에 붙어 그 体言을 한층 낮추어 부를 때 쓰는 표현임. ~놈.

※ 일본어에는 우리말과 달리 일상적으로 쓰이는 욕이 별로 없다.
▶ ばか(또는 ばかもの). 바보. 멍청이. 멍텅구리. ばかめ. 바보 같은 놈. 馬鹿野郎. 바보 자식. 犬奴. 개 같은 놈. 畜生. 짐승 같은 놈, 정도이다.

* 手つき : 손모양. 손놀림. 손짓.

▶그러나
『罵詈雑言辞典』
(東京堂出版)이 출판되어 있음을 볼 때 日本語 속에도 다양한 욕이 존재하고 있음을 알 수 있음.

02

浦島太郎

むかし、浦島太郎という人がありました。ある日、浜べを通っていると、子供が大ぜい集まって、何かさわいでいました。見ると、かめを一ぴきつかまえて、ころがしたり、たたいたりして、いじめているのです。浦島が、「そんなかわいそうなことをするものではないよ。」と言いますと、子供らは、「何かまうものか、ぼくたちがつかまえたのだもの。」と言って、なかなかききません。「そんならおじさんにそのかめを売っておくれ。」と言って、かめを買いとりました。浦島はかめのせなかをなでながら、「もう二度とつかまるなよ。」と言って、海へはなしてやりました。
　それから二・三日後のことでした。浦島がふねに乗って、いつものとおりつりをしていると、「浦島さん、浦島さん。」とよぶものがあります。だれだろうと思って、ふりかえって見ると、大きなかめがふねのそばへ泳いで来て、ぴょこりとおじぎをしまし

た。そうして、「この間はありがとうございました。私はあの時助けていただいたかめです。きょうは、お礼に、りゅうぐうへおつれしましょう。さあ、私のせなかへお乗りください。」と言って、せなかに乗せました。

　かめはだんだん海の中へはいって行きました。しばらく行くと、向こうに赤や青や黄でぬったりっぱな門が見えます。かめが、「浦島さん、あれがりゅうぐうのご門です。」と言いました。
　間もなくごてんに着きました。たいやひらめなどがむかえに出て来て、おくのりっぱなごてんへ通しました。美しい玉や貝でかざったそのごてんは、目もまぶしいほどきれいです。そこへおと

ひめさまが出ていらっしゃいました。そうして、「この間はかめを助けてくださってありがとうございました。どうぞゆっくり遊んでいってください。」と言って、いろいろごちそうをしてくださいました。たいやひらめやたこなどがおもしろいおどりをおどりました。

　浦島は、あまりおもしろいので、家へ帰るのもわすれて、毎日毎日楽しくくらしていました。しかし、そのうちに、おとうさんやおかあさんのことを考えると、家へ帰りたくなりました。そこで、ある日おとひめさまに、「どうも長くお世話になりました。あまり長くなりますから、これでおいとまをいたします。」と言いました。

　おとひめさまはしきりにとめましたが、浦島がどうしてもききませんので、「それでは、このはこをあげます。しかし、どんなことがあっても、ふたをあけてはなりません。」と言って、きれいなはこをおわたしになりました。

　浦島ははこをかかえ、かめに乗って海の上へ出ました。

　もとの浜べへ帰って来ますと、おどろきました。村の様子はすっかり変わっています。住んでいた家もなく、おとうさんもおかあさんも死んでしまって、知った人はひとりもおりません。これはどうしたことかと、浦島ははこをかかえながら、ゆめのよう

にあちらこちらと歩き回りました。
　こんな時にはこをあけたら、どうかなるかもしれないと思って、おとひめさまの言ったこともわすれて、そのふたをあけました。すると、中から白いけむりがすうと立ちのぼりました。それが顔にかかったかと思うと、浦島はかみもひげも一度にまっ白になって、しわだらけのおじいさんになってしまいました。

02　해설

* 人がありました :「ある」는 무생물의 존재를 나타낼 때 쓰며, 사람이나 동물인 경우에는「いる」를 쓰는 것이 원칙이나,
  ①「昔々金という人がありました。」처럼 옛날이야기에 나오는 사람을 말할 때나,
  ②「私には子供が二人ある。」처럼 소유의 개념일 때에는「いる」의 의미로서 사용된다.

* 浜辺(はまべ) : 바닷가, 해안.「海辺(うみべ)」라고도 함.

* ～するものではない : ~하는 법이 아니다.

* かまうものか :「～ものか」→ (활용어의 連体形에 붙어서) 강한 반문·부정을 나타 ▶ 회화체에서는 흔히「～もんか」라고 함.

냄.
☞ 負ける〜. 질까 보냐. 恐い〜. 무섭긴 뭘. 構う〜. 상관할 것 없어.

* つかまえたのだもの : 「〜もの」 → 감동을 나타내는 終助詞로서 「だって〜もの」, 「でも〜もの」의 꼴로 주로 여자나 아이들이 사용함.「〜한걸」.
  ☞ でもきらいなんだ〜. 하지만 싫은 걸(요). つかまえたのだ〜. 잡은 것인걸.

▶ 회화체에서는 흔히 「〜もん」이라고 함.

* つかまるなよ :「〜な」
  → (動詞의 終止形에 붙어서) 금지를 나타냄.
  ☞ 二度とする〜よ. 두 번 다시 하지 마라. つかまる〜よ. 붙잡히지 마라.

* はなしてやりました : 補助動詞 「〜てやる」 → (동등 또는 손아랫사람에 대해 그 사람을 봐 주는 기분으로) 〜해 주다.
  ☞ 教えて〜. 가르쳐 주다. 放して〜. 놓아 주다.

▶ 猫に餌をやる. 고양이에게 먹이를 주다.

* ぴょこりと : 머리를 앞으로 숙이는 모양. 꾸벅.「ぴょこんと」라고도 함.
  ☞ 〜おじぎをする. 꾸벅하고 절하다.

* 助けていただく :「〜ていただく」 용법

(「～てもらう」의 겸양 표현).

☞ 読んで～. 읽어 주다 (나를 위해 상대가 읽어 주는 것을 말함). 死んで～. 죽어 주다 (나를 위해 상대가 죽어 주는 것을 말함). 発表させて～. 발표하다 (상대의 양해 하에 내가 발표하는 것을 말함). 助けて～. 도와주다 (나를 위해 상대가 도와주는 것을 말함).

* 連れる : 데리고 가(오)다. 동반하다. 거느리다.

* 向こう : ① 저쪽. 山の～. 산 너머(저쪽). ② 맞은 편. ～の建物. 맞은 편 건물. ▶ 向かう : 향하다.

* 御殿 : 저택. 대궐. ▶ 殿堂. 宮殿.

* 通す : 통하게 하다. 통과시키다. 안내하다.

* 飾る : 장식하다. 꾸미다.

* 乙姫様 : 용궁에 산다는 竜女님.

* 御馳走 : 대접. 진수성찬.
  ☞ ～をする. 대접하다. ～になる. 대접 받다.

* 踊りを踊る : 춤을 추다. ▶ 歌を歌う. 노래를 부르다.

* 世話(せわ) : 도와줌. 보살핌. 시중듦. 폐. 신세.
  ☞ ～になる. 신세를 지다. 도움을 받다. ～を
  する. 시중을 들다. ～をかける. 폐를 끼치다.

  ▶ ～好(ず)き. 남의 일을 잘 돌봐 줌. 또 그런 사람.
  ～役(やく). 단체나 모임 따위에서 사무나 회계 등 실무적인 업무를 보는 사람.

* 暇(いとま) : ① 짬. 틈. = 暇(ひま).
  ☞ ～がない. 짬이 없다.
  ② 쉼. 휴가.
  ☞ ～を願う(乞う). 휴가를 청하다 (원하다).
  ③ 작별함. 물러감.
  ☞ ～をする. 물러가다. ～を告げる. 작별을 고하다.
  ④ 해고함.
  ☞ ～を出す. 해고하다.

* しきりに : 자꾸만. 몇 번이고. 몹시. 매우.
* 蓋(ふた) : 뚜껑. 덮개.

  ▶ ① 札(ふだ) : 표. 팻말.
  名～. 명찰.
  ② 豚(ぶた) : 돼지.

* 抱(かか)える : (껴)안다. 팔에 안다. 감싸 쥐다.
* すうと : 솔솔. 폴폴. = すうすう(と).
* 顔にかかったかと思うと : 「～かと思うと」

→ ~자마자.

☞ 家に帰ってきた~また出かけた. 집에 돌아오자마자 곧 또 나갔다. 顔にかかった~. 얼굴에 닿자마자.

* 真っ白(ま しろ): 새하얌.

▶ 真っ青(きお). 새파람.
　真っ赤(か). 새빨감.
　真っ黒(く). 새까맘.
　真っ暗(く). 아주 캄캄함. 암흑.

* だらけ: (体言에 붙어서) ~투성이.

▶ 傷~. 상처투성이.

03

たなばた

美しい星空はゆめの世界です。

　むかしの人たちはこの星をながめながら、いろいろなことを考えたのでしょう。それが、今でも神話や伝説としてたくさんのこっています。

　日本で毎年七月七日に行なわれる「たなばた」のお祭もその一つです。

　このたなばたの伝説は、今から何世紀も前に中国から伝わってきたものです。

　これは夏の夜空に、南から北に白い帯のように見える「天の川」の西がわにある織女という星と、東がわにあるけんぎゅうという星との悲しい物語です。

　天の川の西がわに美しい織りひめ（織女星）が住んでいました。織りひめは来る日も来る日もいっしょうけんめいに機を織って働

いていました。天の神様はこの織りひめをあわれに思われ、天の川の東がわに住んでいたひこ星(けんぎゅう星)とけっこんさせました。しかし、どうしたことでしょう。けっこんしてからの織りひめは、機を織ることもわすれて、毎日あそびふけっていました。これを見て天の神様はひじょうにおおこりになり、織りひめをまた天の川の西がわにつれもどしてしまわれました。それで、織りひめとひこ星のふたりはそれからは別れ別れにくらさなければならなくなりました。

　しかし、年に一度だけ織りひめはひこ星に会いに行くことを許されました。その日が七月七日のたなばたに当たるのです。毎年

七月七日になると、どこからか大きな白鳥がとんで来て、そのつばさで天の川に橋をかけてくれるのです。その橋をわたって織りひめはひこ星に会いに行くという伝説です。
　この日には、子供たちはいろいろな色をした四角な紙に、「織りひめ」とか「ひこ星」とか「天の川」とか書き、これを折りづるなどといっしょにささに糸で結びつけて、のき先に立てます。子供たちは、そのそばであの美しい夜空をながめながら、遠い星の世界のことをゆめみるのです。

03 해설

* 七夕(たなばた) : ① 「七夕祭(たなばたまつ)り」의 준말.

    ② 「棚機津女(たなばたつめ)」(베를 짜는 여자. 직녀성)의 준말.

* 星空(ほしぞら) : 별이 뜬 하늘, 즉 별이 빛나는 밤하늘.　▶ 秋空(あきぞら). 大空(おおぞら). 夜空(よぞら). 青空(あおぞら).

* 毎年(まいねん) : 「まいとし」라고도 함.

* 世紀(せいき) : 세기.

* 天(あま)の川(がわ) : 은하(수). 「天の河」라고도 씀.　▶ 銀河(ぎんが).

  ※ 「하늘의」 또는 「천상의」의 의미인 「天の」는 관형사적으로 쓰이며, 보통 「あまの」・「あめの」의 두 가지 관용적 음으로 읽힌다.

① 「あまの」 → ~橋立(はしだて). 京都府 북부의 宮津湾(みやづ)에 있는 日本 三景의 하나. ~羽衣(は ごろも). 천녀의 날개옷.

② 「あめの」 → ~海(うみ). 하늘처럼 넓은 바다. ~下(した). 천하.

▶ 天下(あまくだ)り人事(じんじ). 낙하산 인사.

* 織女(しょくじょ) : 직녀. 베 짜는 여자. ~星(せい). 직녀성.
▶ 織(お)り姫(ひめ).
* 牽牛(けんぎゅう) : 견우. ~星(せい). 견우성.
▶ 彦星(ひこぼし).
* 物語(ものがたり) : ① 이야기. ② 平安時代에 발생하여 근세까지 이어져 내려온 산문의 문학작품으로 주로 소설을 가리키는 경우가 많음.
☞ 竹取物語(たけとりものがたり)・伊勢物語(いせものがたり)・源氏物語(げんじものがたり)・平家物語(へいけものがたり)・雨月物語(うげつものがたり).

* 機(はた)を織(お)る : 베를 짜다.
* 哀(あわ)れ : 불쌍함. 가련함.
▶ 哀愁(あいしゅう).
* 遊(あそ)び耽(ふけ)る : 「耽(ふけ)る」. 빠지다. 골몰하다. → 動詞의 종류에 주의(五段活用임).

* 連れ戻す：원래의 자리로 데리고 가다.

* 別れ別れ：뿔뿔이 헤어짐.

* 白鳥：백조.

* 翼：① 새 날개 = 羽根. ② 비행기 날개.

* 橋をかける：다리를 놓다.

* 四角な：네모난(진).

  ※ 같은 語幹을 갖는 形容詞・形容動詞：
  「四角い・四角だ」．「真っ白い・真っ白だ」．
  「細かい・細かだ」．「暖かい・暖かだ」．「柔
  らかい・柔らかだ」．

* 折り鶴：종이로 접은 학.　　　　　　　▶ 千羽鶴.

* 笹：조릿대. 키가 작은 대나무류의 총칭.

* 軒先：처마 끝.

04

お月見

さくらのさく春にお花見をする日本人は秋にはお月見をします。

　秋は一年じゅうでいちばん月の美しい季節です。九月の中ごろの満月のばんには月見だんごをこしらえ、えだまめ、くり、かきなどを供え、花びんにはすすきやそのほか秋の草花をさして、月をながめながらうちじゅうそろって一夜を楽しくすごすのです。

　月が山の上にまんまるい美しいすがたを現わすと、あちらこちらから

　　　「出た出た月が

　　　まるいまるいまんまるい

　　　ぼんのような月が」

と歌う子供の声が聞こえてきます。空は水のように清くすみ、明るい月の光はあたりを照らします。すずしい風に、花びんのすす

きがゆれて、たたみの上にかげをうつします。みんなはえんがわ

に集まって、お月様を見ながらごちそうを食べます。

　お月見のしゅうかんは平安朝時代から始められました。そして、そのころから、満月の夜は月見の宴を開いて、詩や歌を作ったり音楽を楽しんだりして遊んできました。

　また、日本の文学、特に和歌や俳句には、月を見て喜びや悲しみの心を歌ったものがたくさんあります。遠い外国に行っている人も、月のよいばんには特にこきょうがこいしくなるものです。

　さくらがさけばお花見をし、月がよければお月見をするしゅうかんは、日本人の自然を愛する心の深いところから生まれたものであります。さくらの花のさくかぎり、月の光のかがやくかぎり、日本人はお花見やお月見をわすれないでしょう。

和 歌
　　天の原　ふりさけ見れば　春日なる
　　みかさの山に　いでし月かも

俳 句
　　明月や　池をめぐりて　夜もすがら

04　해설

* 季節(きせつ) : 계절.

* 九月(くがつ) : 구월. → 발음에 주의.「きゅうがつ」라고 하지 않음.「九時(くじ)」도 마찬가지임.

* 晩(ばん) : 밤.

* 月見団子(つきみだんご) : 음력 8월 15일과 9월 13일의 밤에 달에 바치는 경단.

* 拵える(こしらえる) : 만들다. 꾸미다.

* 枝豆(えだまめ) : 풋콩.

* 供える(そなえる) : 바치다. 올리다.

* 花瓶(かびん) : 화병. 꽃병.

* 薄[芒](すすき) : 참억새.

* 草花(くさばな) : 화초.

* 差(さ)す : 꽂다. ☞ 花瓶に花を~. 화병에 꽃을 꽂다.

* 揃(そろ)う : (한 곳에 모두) 모이다. (인원 따위가 다) 차다.

* 一夜(ひとよ) : 하룻밤. 「いちや」라고도 함 = 一晩(ひとばん).

* 盆(ぼん) : 쟁반.

* 澄(す)む : ① 맑다. 투명하다. ↔ 濁(にご)る.
  ② 청명하다. ↔ 曇(くも)る.

* 辺(あた)り : 주위. 근처. 부근. 언저리.

* 涼(すず)しい : ① 시원하다. ↔ 暑(あつ)い.
  ② 상쾌하다.

* 揺(ゆ)れる : 흔들리다.

* 畳(たたみ) : 타타미.

* 影(かげ) : ① 그림자. = 影法師(かげぼうし) : 사람의 그림자.

　　② 자취. 형체. 모습.

　　③ (해·달·별·등불의) 빛.

* 映(うつ)す : 비치게 하다. 투영하다.

▶ 月(つき)~. 달빛. 火(ひ)~. 불빛.

▶ 陰(かげ)[蔭·翳] : 그늘. 뒤. 배후.

▶ 移(うつ)す : 옮기다.

　写(うつ)す : 베끼다. 모사하다. (사진을) 찍다.

* 縁側(えんがわ) : 툇마루 = 縁(えん). 縁先(えんさき).

* 平安朝(へいあんちょう) : 794년 平安京(지금의 京都)로 도읍을 옮기고 나서 1192년 무사정권인 鎌倉幕府가 들어설 때까지 약 400년간의 일본의 왕조명.

* 宴(えん) : 잔치. 연회. 「うたげ」라고도 함.

　☞ 花の~. 꽃잔치(놀이). ~を張(は)る. 잔치를 벌이다.

* 和歌(わか) : 5·7·5·7·7의 5句 31字로 이루어지는 일본의 짧은 노래. 이는 漢詩(かんし)(「からうた」라고도 함)에 대응하는 개념으로, 일명 「短歌(たんか)」, 「大和歌(やまとうた)」 또는 「三十一文字(みそひともじ)」라고

도 함.

→「上(かみ)の句」,「下(しも)の句」.

* 俳句(はいく) : 5·7·5의 3句 17字로 이루어지는 일본의 짧은 시. 그 기원은 俳諧連歌(はいかいれんが)의 첫 句인 発句(ほっく)가 독립하여 생겨난 것임.

* 故郷(こきょう) : 고향 = 古里(ふるさと).

☞ ~が恋しい. 고향이 그립다.

≪和歌≫

「唐土(もろこし)にて月を見て読みける」(詞書(ことばがき))

天(あま)の原 …… 広々とした大空(を)

ふりさけ見みれば …… 視線を遠くはなって見ると、

　　(今しも月が上(のぼ)ったところだ)

春日なる …… 春日(今の奈良市の東部)にある

みかさの山に …… 三笠山に(今の三笠山で、ふもとに春日神社がある。遣唐使が出発する前に春日山で神に祈る慣例があった

▶安倍仲麿(あべのなかまろ)(716年遣唐留学生、『古今和歌集』巻第九 羈旅歌(きりょのうた))

らしい。)

いでし月かも …… 出るのを見た月であるなあ
　　(「し」は過去の助動詞、「かも」は詠嘆の
　　助詞)。

≪俳句≫

　明月や …… 今夜は仲秋の明月、

　池をめぐりて …… その清光の池水に映える

　　辺りを独り俳徊し、

　夜もすがら …… 夜通し佳興に酔った。

　　⇒ 古池や　かわず飛び込む　水の音

▶松尾芭蕉(1644〜1694)

※ 韓日兩國의 年代 比較

韓　國	日　本	
古朝鮮 (～BC.108)	繩文・弥生時代 (～3C)	室町時代 (1392～1573)
高句麗 (BC.37～668)	大和時代 (4C～7C)	安土桃山時代 (1573～1598)
百濟 (BC.18～660)	飛鳥時代 (6C～7C)	江戶時代 (1603～1867)
新羅 (BC.57～935)	奈良時代 (710～784)	明治 (1868～1912)
渤海 (698～926)	平安時代 (794～1192)	大正 (1912～1926)
高麗 (918～1392)	鎌倉時代 (1192～1333)	昭和 (1926～1989)
朝鮮 (1392～1910)	南北朝時代 (1336～1392)	平成 (1989～)
大韓民國・朝鮮民主主義人民共和國 (1948～)		

05

象の目方

むかし南の方の島から、中国のある王様の所へ一頭の象がおくられてきました。

　今まで見たこともなかったし、名まえも知らなかった大きな動物ですから、その地方の人々はめずらしがっておおさわぎをしました。

　王様は役人たちに、

「この象の目方はどのくらいあるか調べてみなさい。」

と、いいつけました。

　役人たちはさっそく大きなはかりをさがしました。ところが、むかしのことですから、こんな大きな動物を計るはかりなどあるはずがありません。役人たちはすっかりこまってしまいました。いろいろ相談してみましたが、良い考えは出てきません。

　しかたがないので、象の目方の計りかたを知っている者は、役

所まで申し出るようにというけいじを国じゅうに出しました。

けれども、だれひとり申し出てくる者はありませんでした。王様からは、まだわからないのかとたびたびさいそくされます。役人たちはますますこまってしまいました。

すると、ある日ひとりの男の子が、

「私に象の目方を計らせてください。」

と、申し出てきました。役人たちはその子供を見てがっかりしてしまいました。こんな小さい子供にどうしてあの大きな象の目方が計れるものかと思ったからです。

しかし、こまっていたときなので、計らせてみることにしました。

子供は、まず象を池の岸につれて行って、岸につないである船に乗せました。船は象が乗ったので水に深くしずみました。

岸では、役人や見物人がおおぜい集まって、子供のすることをじっと見ていました。どうするのかと思って見ていると、その子供は別の船に乗って、象を乗せた船のそばへ行きました。そして、象を乗せた船がどこまでしずんだかわかるように、その船の外側にしるしをつけました。

　次に、象を船からおろして、こんどは、その船に石をたくさん積ませました。船はだんだん水に深くしずんでいきました。そして、さっきしるしをつけたところまで船がしずんだとき、その子供は言いました。

　「もう石を積むのはやめてください。そして、今船に積んである石をおろして、一つ一つその目方を計ってみてください。計りおわったらその目方を合計してみてください。それが象の目方です。」

　これを聞いて、役人も見物人もその子供の頭の良いのに感心したということです。

| 05 | 해설 |

* 方ほう:「かた」라고도 함. 그러나 「かた」는 옛 말투임.

* なかったし :「し」→（終止形에 붙어서） 사물을 열거할 때 씀.「〜고」.

* 珍めずらしがって :「がって」→ 基本形은 「がる」로, 形容詞나 形容動詞 또는 助動詞「たい」의 語幹에 붙어 五段動詞를 만듦.
  ① ～(하)게 여기다. ～(하)고 싶어하다.
  ② ～체 하다.

▶ 寒～. 飲みた～.
▶ 強～.

* 役人やくにん : 관리. 공무원.
* 目方めかた : 무게. 중량.

* どのくらいあるか :「あるか」 → 「어느 정도 되는지」라고 번역되기 때문에 「なるか」와 혼동하는 일이 있으니 주의해야 함.

* 言い付ける : ① 분부하다. 명령하다. ② 고자질하다.

* 秤(はかり) : 저울.

* 筈(はず) : (당연히 그래야 할 것임을 나타내는 말로서) ~할 예정. ~할 리. ~할 터.
  ☞ ~筈がありません。~할 리가 없습니다.

* すっかり : 죄다. 완전히. 아주. 모두. 온통.

* 仕方(しかた)がない : 하는 수 없다.

* 役所(やくしょ) : 관청. 관공서.
  ▶ 市~. 시청.
  区~. 구청.

* 申(もう)し出(で)るように : ① 「申し出る」 → (의견·요구·희망·사실 따위를) 스스로 말하다. 신청하다. 신고하다.
  ② 「~ように」 → (動詞의 連体形에 붙어 소원이나 희망을 완곡하게 표현함) ~(하)도록. ☞ お忘れ物ございません~. 잊으신

물건 없으시도록.

* 掲示(けいじ) : 게시.

* 催促(さいそく) : 재촉. 독촉.

* がっかり : ① 실망·낙담하는 모양.
　② 피곤해서 맥이 풀리는 모양.

* 計れるものか :「ものか」→ (강한 반문이나 부정을 나타냄) ~할까 보냐. → p.26.

* 岸(きし) : ① 물가 = 水際(みずぎわ). ② 벼랑. 낭떠러지.

* ついである :「~てある」→ (인위적으로 만들어진 상태를 나타냄) ~해 있다.
　☞ 字が書いてある(글씨가 쓰여져 있다 :「が」+「他動詞」+「てある」→ 상태).
　☞ 字を書いている(글씨를 쓰고 있다 :「を」+「他動詞」+「ている」→ 진행).

▶水が入れてある.
　→(상태)

▶水を入れている.
　→(진행)

▶水が入っている
　(「が」+「自動詞」
　+「ている」→ 상태).

▶雨が降っている
　(「が」+「自動詞」
　+「ている」→ 진행).

* 沈(しず)む : 가라앉다. (해·달이) 지다.

* 見物人(けんぶつにん) : 구경꾼.

* 印(しるし) : 표(시). 표지.
  ☞ ~をつける. 표(시)를 하다.

* 下(お)ろす : 내리다. 아래쪽으로 옮기다. 탈것에서 내리게 하다.

* 合計(ごうけい) : 합계. 총액.

06

かきえもん

かま場から出て来たきざえもんは、えん先にこしをおろして、つかれたからだを休めた。太陽はもう西にかたむいている。庭のかきの木には、すずなりになった実が、夕日をあびてかがやいている。
　きざえもんは、あまりの美しさにうっとりと見とれていたが、やがて、

「ああ、きれいだ。あの色をどうかして出したいものだ。」
とつぶやきながら、またかま場の方へ引き返した。

　きざえもんは、目のさめるようなかきの色の美しさに心を打たれて、もういても立ってもいられなくなったのである。

　きざえもんは、その日からなんとかして、あの美しいかきの色を出したいと、いっしょうけんめいに研究を進めた。しかし、いくら考えてやってみても、かきの色の美しさは出てこない。毎日焼いてはくだき、焼いてはくだきして、たん息するばかりであった。

　それだけではない。研究のためには費用もかかる。また、研究ばかりしていると、家の仕事もできなくなる。一年過ぎ、二年過ぎるうちに、その日のくらしにもこまるようになった。きざえもんに手助けしていた人も、ひとりにげ、ふたりにげして、今では、手助けする人はひとりもいなくなった。それでも、きざえもんは研究をやめようとはしなかった。

　人々はこの様子を見て、たわけと言ったり、気ちがいと言ったりしたが、すこしも気にしなかった。

　きざえもんは、ただ、あのかきの実の美しい色が出したい一念で、いっぱいであった。こうして五・六年はたった。ある日の夕方、きざえもんは、あわただしくかま場から走り出た。

「たきぎはないか。たきぎはないか。」
　きざえもんは、気がくるったようにあたりをかけ回った。そうして、手あたりしだいにつかんでは、かまの中へ投げこんだ。
　きざえもんは、血走った目を見はって、しばらく火の色を見つめていたが、やがて、「よし。」とさけんで火を止めた。
　その夜、きざえもんは、かまの前をはなれないで、夜の明けるのを待っていた。
　もうじっとしてはいられない。かまの回りをぐるぐる回った。
　いよいよ夜が明けた。きざえもんは、ふるえる足をふみしめてかまをあけはじめた。
　さわやかな朝日の光が、木立の間からもれてかま場にさしこんだ。
　きざえもんは、一つ、また一つとかまからさらを出していたが、急に、
　「これだ。」
と大声をあげた。
　「できた。できた。」
　さらを持ったきざえもんは、こおどりして喜んだ。
　こうして、かきの色を出すことに成功したきざえもんは、間もなくかきえもんと名を改めた。

かきえもんは、今から四百年ばかり前の人である。かきえもんは、その後もずっと研究に研究を重ね、くふうにくふうを積んで、りっぱな器を作るようになった。かきえもんは、日本において名工とたたえられているばかりでなく、その名は遠く世界の国々に伝えられた。

06 해설

* 柿右衛門：酒井田柿右衛門。肥前国(佐賀県)有田の陶工。初代は筑後(福岡県の一部)の人で、初め喜左右衛門と称し、元和元年(1615)頃有田に移り、陶器を焼いていたが、寛永(1624~1643)末、赤絵の技法に成功したという。代々その技法を受けて柿右衛門を名のり、その作品をも柿右衛門と呼ぶ。

* 窯：가마.

▶ 有田焼：1598年朝鮮人李参平の製作に始まる。伊万里港から積み出したので、伊万里焼とも言う。

▶ ① 釜：솥. 가마.
   ② 缶：기관. 보일러.

* 縁先(えんさき)：툇마루 끝.

* 腰を下ろす：앉다.

* 傾く(かたむ)：기울다.

* 鈴生(すずな)り：(과일 따위가) 주렁주렁 달림.
  ☞ 〜になる. 주렁주렁 달리다.

* 実(み)：열매. 과실.
  ☞ 〜がなる. 열매가 열리다.

* 夕日(ゆうひ)(夕陽)：석양. 저녁 해. ↔ 朝日.

* あまりの美しさに：程度의 副詞 + の
  → 連体修飾語의 역할.
  ☞ 今少しの辛抱(しんぼう)が必要だ. かなりの人出である. よほどの覚悟が必要だ.

* 砕(くだ)く：부수다. 깨뜨리다.

* 嘆息(たんそく)：탄식. 한숨.

③ 竈：부뚜막.
　　아궁이.
　　= かまど.

▶ 腰掛(か)ける.
　걸터앉다.

かきえもん　63

* その日の暮らし : 하루 벌어 하루 사는 생활. 하루살이(인생). = その日暮らし.

* 手助け : 도움. 거듦. 조력. = 手伝い.

* 戯け : ① 희롱. ② 바보. 천치. = 戯け者.

* 気違い(気狂い) : 미치광이.

* 気 : ～を挫く. 기를 꺾다. ～を吐く. 기염을 토하다. ～になる. 걱정되다. ～にかける. 걱정하다. ～をつける. 정신차리다. 조심하다. ～が利く. 눈치가 빠르다. 재치 있다. ～が抜ける. 맥이 빠지다.

* 薪 : 장작. = 薪.

* 手当たり次第に : 닥치는 대로.

* 血走る : 핏발이 서다. 충혈되다.

* 見張る : ① (눈을) 크게 뜨다.
          ② 망보다. 지키다.

* 叫ぶ : 외치다. 부르짖다.

* 止(と)める : ① 멈추다. 세우다.

　　② 끊다. 잠그다. 끄다.

　　　☞ 火を~. 불을 끄다.

　　③ 막다. 말리다.

▶ 止(や)める : 그만두다.
　사직하다. 끊다.
　☞タバコを~.
　　담배를 끊다.

* 離(はな)れる : ① 떨어지다. ② 거리가 멀어지다. 사이가 벌어지다.

* あける : ① 開ける : 열다.

　　　☞ 窓を~. 창을 열다.

　② 空ける : 비우다. 뚫다.

　　　☞ 部屋を~. 방을 비우다. 穴を~. 구멍을 뚫다.

　③ 明ける : (날이) 밝아지다.

　　　☞ 夜が~. 날이 새다.

* 震(ふる)える : 흔들리다. 추워서 떨리다. 진동하다.

* 踏(ふ)み締(し)める : 힘껏 밟다. 벋디디다.

* 木立(こだち) : 나무숲. 숲속의 나무.

▶ 木 : 木陰(こかげ).
　木の間(ま). 木の根(ね).
　木の実(み). 木の葉(は).

* 間 : ①「あいだ」

→ ⓐ 둘 사이에 끼어 있는 곳.

かきえもん　65

☞ パナマ運河は北アメリカと南アメリカ
　の~にある.
ⓑ 둘 사이에 끼어 있는 시간.
　☞ 私は昼御飯を12時から1時までの~に食べ
　ます.
ⓒ 둘 사이에 끼어 있는 것.
　☞ シャツの大きさは三つある．中は大と小
　の~だ.
ⓓ 어느 무리의 속(가운데).
　☞　田中さんは5人の友だちの~でいちばん
　若い.
ⓔ 시간.
　☞　私がお風呂に入っている~に電話がかかっ
　てきた.
ⓕ 사람과 사람, 나라와 나라 등의 관계.
　☞　二人の~がうまく行かない.

② 「ま」
→ ⓐ 비어있는 시간 또는 거리.
　☞ 次のバスまで5分ぐらい~がある.
ⓑ 무언가를 하고 있는 가운데 만드는 짧은 휴식. 짬.
　☞　お客さんに今お茶を出したばかりだから、
　ジュースは少し~をおいて出しましょう.

ⓒ 무언가를 할 시간.
☞ 忙しくて食事をする~もない.

ⓓ 운(運).
☞ 学校を休んで映画を見に行ったら~が悪く、帰りに先生に会った.

ⓔ 마침 좋은 때나 시기.
☞ 遅く起きたが、電車も遅れたので、~に合った.

ⓕ 방.
☞ 6畳の~.

* 漏(洩)れる : 새다. ① 빠지다. ② 누설되다.

* 差し込む : ① 햇빛이 (쏟아져) 들어오다. ② 질러 넣다.

* 小躍り : 덩실거림.
☞ ~して喜ぶ. 덩실거리며 기뻐하다.

* 工夫 : 여러 가지로 궁리함. 고안함.
▶ 工夫. 인부.
▶ 名工.

* 器 : 그릇.

* 称(讚)える : 칭찬(칭송)하다. 기리다.

07

良寛[りょうかん]さま

― 相馬御風[そうまぎょふう] ―

相馬御風(1883〜1950)：詩人、評論家。
本名、昌治。新潟県生まれ。早大卒。「早稲田文学」編集に携わり、自然主義評論家として知られ、口語自由詩を提唱、良寛を研究。

　昔、越後の国に、良寛さまというえらい坊さまがありました。

　越後の国で、昔から今までにいちばんえらかった人はだれだと問いますと、だれでもそれは上杉謙信だと答えるでしょう。ところがこのごろになって、「そのほかにもひとりある、それは良寛さまだ。」という人がたくさんあるようになってきました。良寛さまのえらいことが、だんだんよくわかってきたからです。

　良寛さまは、今の出雲崎という町の山本というりっぱな家に生まれ、十八の年にその町の光照寺という禅宗のお寺で坊さまになりました。そして五年の間そのお寺で勉強していましたが、二十二の年に備中の国の玉島という町に行き、そこの円通寺という大

きなお寺で、国仙禅師（こくせんぜんじ）というたいそうえらい坊さまのおでしになって、十年の長い間いっしょうけんめいに勉強を続けました。

　良寛さまは学問もたいそうよくでき、字を書くにも、歌や詩を作るにも日本じゅうでならぶ者が幾人もないだろうと思われるほどによくできました。その上に行ないがそれはそれはりっぱでした。ほんとうに、仏さまの教えそっくりの行ないというのはこういうのだろうと思われるほどにりっぱでした。

　ですから、良寛さまはもらおうとさえ思えば、どんなえらい坊さまの位でももらうようになれたし、またどんな大きなりっぱなお寺にでも住むことができたのでした。しかし、良寛さまはそんなものは少しも望みませんでした。ただもっとほんとうの学問がしたい、もっともっとりっぱな行ないのできる人になりたい——それだけが良寛さまのたった一つの望みでした。

　それで、良寛さまは、とうとう何もかも捨ててこじきになりました。そしてこじきをしながら、あちらこちらの国々をまわって歩いて、行く先々でえらい坊さまをたずねては、いろいろと教えを受け学問を続けました。

　こじきをしてまわるのですから、だれも夜泊めてくれる人がなくて、野原の木の陰で寝たこともあります。どろぼうとまちがえられて、さんざんなぐられたあとで、土の中に生き埋めにされか

けたこともあります。だれも食べ物をくれる人がなくて、二日も三日も水ばかり飲んで歩き続けたこともあります。それでも良寛さまは、少しもへこたれないで、あちらこちらとえらい坊さまをたずねまわって、何年もの間学問を続けました。そしてしまいになつかしい故郷の越後の国に帰ってきました。

　越後の国に帰ってきてからも、良寛さまは大きな寺に住んだり、自分の生まれた家に帰ってせわになったりしないで、国上山(くがみやま)という山の中の、五合庵というそまつな小屋にひとりぼっちで住んでいました。

　越後は冬は雪のたくさん積もる国ですから、冬の間は良寛さまはどこへも出ることができないで、ひとりぼっちで山の中に暮らしていました。そしてその間ひとりで毎日学問をしていました。

　そのかわり長い冬が過ぎて、山の雪が消えはじめると、良寛さまはもうじっとしていることはできませんでした。春の野原を飛びまわるちょうちょうのように、良寛さまは山をおりて、毎日毎日あちこちの村をたくはつして歩きまわりました。たくはつというのは、お経をよみながら、家々からめぐんでくれる物をもらって歩くことです。

　何年も何年もそのようにして山の中に住んでいるうちに、良寛さまはいつのまにかおおぜいの人から敬われ、したわれるように

なりました。

　ほんとにえらい人は、どんなところにどんな貧しい暮らしをしていても、いつかは世の中の人に知られて、敬われるようになるものです。良寛さまは、自分からは何ひとつ自慢らしく見せびらかすようなことはしませんでしたが、いつのまにか「良寛さま！良寛さま！」と言って、あっちからもこっちからもしたわれるようになりました。そして着物や食べ物なんかも、あちらからもこちらからも持ってきてくれますので、良寛さまは少しも困るようなことはありませんでした。

　あちこちの村を歩きまわっているうちに、良寛さまはだれとでも仲のいい友だちになりました。どんなえらい人でも、どんなお金持でも、どんなつまらない人でも、どんな恐ろしい人でも、どんな貧乏な人でも、良寛さまはみんな同じように親しく交わりました。そして良寛さまと交わっていますと、どんな人でも同じように、心のやさしい人になりました。

　良寛さまはまた、草や木やけものや虫なんかとも、たいそう仲よくなりました。みんな良寛さまのいい友だちでした。花が咲けば、良寛さまは花といっしょに笑いました。鳥が鳴けば、良寛さまは鳥といっしょに楽しく歌いました。ですから、山の中にひとりぼっちで住んでいても、良寛さまは少しもさびしいと思いませ

んでした。
　秋の月のいい夜のことでした。良寛さまのうちにどろぼうがはいりました。
　良寛さまは戸にじょうなんかつけておきませんでしたから、どろぼうはやすやすとはいることができました。
　しかし、はいるのはなんでもありませんでしたが、はいっても何ひとつぬすんでゆくようなものがありませんでした。
　良寛さまはどろぼうのはいったことを知っていながら、だまってふとんをかぶって眠ったふりをしていました。
　その様子を見て、どろぼうは良寛さまの寝ているふとんをはぐりました。それでも良寛さまは平気で眠ったふりをしていました。
　どろぼうはせめてこれでもと思ったらしく、そのふとんを持って出てゆきました。良寛さまはだまってそれをどろぼうに持たせてやりました。
　しかし、一枚しかないかけぶとんをとられてしまったのですから、良寛さまは寒くて寒くてたまりません。しかたなしに良寛さまは、どろぼうの行ってしまったあとで、がたがたふるえながら起きました。
　すると、ちょうどまどから美しい月の光がへやいっぱいにさし

こんでいるのでした。そのまどにさした美しい月の光を見ると、良寛さまは寒いのも何も忘れてしまいました。

「なんてまあいい月だろう！」

良寛さまはこう言って立ち上がりました。

そしてまどのしょうじをあけて、長いこと月の美しさに見とれていました。

「ぬすびとにとりのこされしまどの月——ほんとにそうだ。いかなどろぼうでもこれまで持ってはゆけんわい。ありがたいことだ。」

良寛さまはしまいにはどろぼうのことなんか、まるで忘れてしまって、ただもうこうしてひとりで、美しい月をながめていられることを喜んでいました。

良寛さまは年よってからだが弱くなったので、山からおりて島崎という村の木村元右衛門という家においてもらうことになりました。そのころのことです。ある日、良寛さまはたくはつに出て、ある家に立ち寄りました。すると、その家の主人は、たいそう自慢そうに、まどのところにつるしてある鳥かごをさして言いました。

「良寛さま、見てください。わたしのところのあのやまがらはよくなれているじゃありませんか。それはそれはい

ろいろな芸当をしますぜ。こんないいやまがらはめった
にあるもんじゃありません。」
　良寛さまは言われるままにじっとそれをながめていましたが、どうしたのか、良寛さまの目からぽろりぽろりとなみだがこぼれ落ちるのでした。

　それを見て主人は、
　「良寛さま、どうかなさいましたか。」
とたずねました。しかし、良寛さまは何も答えずに、いつまでもいつまでもかごの中の小鳥ばかり見つめているのです。そして良寛さまの目からは、相変わらずなみだが、ぽろぽろこぼれ落ちる

のでした。主人はますます変に思いました。

　すると、良寛さまはふところから紙を出し、こしの矢立の筆を持ってすらすらと何か書いて主人の前に差し出しました。そしてそのままだまって出ていってしまいました。

　主人は良寛さまを送り出してから、ますます変な気がして、紙に書いてある字を読んでみました。それは歌でした。

　　をりをりはみ山のねぐらこひぬべし
　　　　　　われも昔のおもほゆらくに

その歌の意味はざっとこうです。

　「おお、かわいそうな小鳥よ。おまえはいまそんなふうに小さなかごの中に入れられて、いろいろな芸当をやってはいるが、ときどきは山の巣のこいしいことがあるだろう。仲のいい友だちのいるその山のおうちがこいしいだろう。わしもそうだ。こうしていま年がよりからだが弱くなったために、人の家にやっかいになってはいるが、ときどきはやっぱりおまえと同じようにあの山の自分のうちがこいしくなるのだ。」

　　をりをりはみ山のねぐらこひぬべし
　　　　　　われも昔のおもほゆらくに

主人はその歌を何度も何度もくり返して読んでいましたが、

「わかった、いや、わたしが悪かったのだ。」
　こうさけぶかと思うと、つかつかとやまがらのかごのところに行って、いきなりその戸をあけてやりました。
　突然戸をあけられたので、やまがらはしばらくためらっていましたが、やがて元気よく二声三声鳴いたかと思うと、ぱっとかごの外へ飛び出し、どこともなく飛んでゆきました。
　主人はさもさもうれしそうにそれをながめていました。そして言いました。
「かわいそうに、あのように広い世界に楽しく飛びまわっているものを、わたしは自分のなぐさみにこんな狭いかごの中に入れておいたのだ。鳥にだって親もあれば兄弟も友だちもある。それを一わだけつかまえてきてこんな狭いかごの中に入れておくのだもの、鳥のほうではどんなに悲しいことがあるかもしれない。しかし、わたしはきょうまでそれに気がつかなかったのだ。それがきょう良寛さまのおかげではじめてわかった。ありがたいことだ。」
　それからその人は、小鳥をとったりかったりすることを、すっかりやめてしまいました。

07 해설

* 良寛(1757-1831)：歌人。僧。諸国を行脚し各地に漂泊、文化元年(1804)故郷の国上山五合庵に身を落ち着ける。書にすぐれ詩にも通じた。生涯著述は行なわなかったが、弟子の編んだ歌集『蓮の露』などがある。

* 越後の国：지금의 新潟県 일부.

* までに：①「まで」☞ 5時まで続ける.
　　　　　②「までに」☞ 5時までに終わる(期限).

▶ 週末～届けてほしい.
　月末～はできる.

* 上杉謙信(1530-1578)：戦国時代の武将。

北陸地方一帯を領有、兵略に長じ、多くの合戦のうち武田信玄(甲斐の武将)との川中島の合戦は特に有名。

* 備中の国 : 지금의 岡山県의 일부.

* 大層 : 매우. 몹시. 대단히.

* 幾人 : 몇 사람.

* 行(な)い : ① 행실. 행위. 행동. 몸가짐.
              ② 불공. 불도 수행.

* それはそれは : (감동의 표현) 정말로. 참말로.

* 何もかも : 무엇이든. 일체. 모두. = すべて.

* 乞食 : 거지. 비럭질. = 物もらい.

* 先々 : ① 가는 곳마다. ② 먼 장래.

* 泊める : 숙박시키다. 묵게 하다. (배를) 정박시키다.

* 野原 : 들(판).

* 木の陰 : 나무 그늘.   ▶ 木陰.

* 散々(さんざん) : 몹시 심한 모양.

* 生(い)き埋(う)め : 생매장.

* されかけたこと : 動詞의 連用形 + 「かける」 → 막 ~하려 하다.

* へこたれる : 녹초가 되다. 힘이 빠지다.

* 世話になる : 도움을 받다.

* 粗末(そまつ) : 허술하고 나쁨. 변변치 못함.

* 小屋(こや) : 오두막집.

* ひとりぼっち : 외톨이. 고립됨. = ひとりぽっち.

* 蝶々(ちょうちょう) : 나비. = ちょう.

* 托鉢(たくはつ) : 탁발.

* お経(きょう) : (불)경.

* 恵(恤)(めぐ)む : 은혜(자비)를 베풀다. 인정을 베풀다. 구제하다.

* 敬(うやま)う : 존경(공경)하다.

* 慕(した)う : 뒤를 쫓다. 연모하다. 경모하다.

* 自慢らしい：名詞 ＋接尾語「らしい」
→ ① ~답다. ☞ 学生~態度.
② ~인 것 같이 생각되다. ~인 것 같다.
☞ 自慢らしい. 자랑하는 것 같다.

▶ 自慢たらしい【形】
너무 뽐내는 것 같다.

* 見せびらかす : 자랑스럽게 내보이다. 과시하다.

* 獣 : 짐승. = けだもの.

* 錠 : 자물쇠. ☞ ~をつける. 자물쇠를 채우다. ↔ 鍵. 열쇠(잘못으로 錠의 뜻으로도 쓰임).
☞ ~をかける. 자물쇠를 채우다.
~であける. 열쇠로 열다.

* 易々 : 간단히. 거뜬히. 손쉽게.

* 黙る : 말을 하지 않다.

* 振りをする : 체(척)하다.
☞ 知らない~. 모르는 체하다.

* はぐる : (책장 등을) 넘기다.

* せめて : 하다못해. 그런대로. 적으나마. 적

어도.

* 掛け布団 : 이불.

* がたがた : (심하게 떨리는 모양) 덜덜. 와들와들. 후들후들.

* 差す : (광선·그림자 따위가) 비치다.

* なんて : 이 얼마나. = なんと.

* 障子 : (「明り障子」의 준말). 장지. 미닫이(문).

* 長いこと : 「こと」 → (形容詞 連体形에 붙어 副詞句처럼 쓰임).
  ☞ 長い〜話す. 오랫동안 이야기하다. うまい〜やった. 잘 했다.

* 盗人に 取り残されし 窓の月 :《俳諧》→ 여기에서 「し」는 過去의 助動詞(文語)「き」의 連体形임.

* 如何な : 여하한. 어떠한. = どんな.

* ゆけんわい : ①「ゆけん」의「ん」→ 否定의 助動詞(文語) 「ぬ」의 転訛. = ない. ☞ いか〜. 안 돼(= あか〜). 知ら〜ぞ. 모른다. ②「わい」→ 영탄의 終助詞(老人語).

▶ 敷き布団. 요.
座布団. 방석.

* ただもう : 다만 이제.
* 年寄る : 늙다. 나이를 먹다.　▶ 年寄り. 늙은이. 노인.
* 右衛門 : 右衛門이라고도 읽음.　▶ 左衛門.
* 家に置く : 집에 묵게 하다. ☞ 下宿人を置く. 하숙인을 두다. 하숙을 치다.
* 立ち寄る : 다가서다. 들르다.
* 吊す : 매달다. 달아매다.
* 鳥籠 : 새장. 조롱.
* 山雀 : 산작. 곤줄박이.
* 慣れる : 익숙해지다. 길들다.
* 芸当 : 곡예.
* しますぜ : 「ぜ」→「ぞえ」의 준말로, 허물없는 남자 사이나 나이 많은 여자 사이에 쓰이는 終助詞. 주로 다짐을 하거나 주의를 환기시키는 경우에 쓰임.
　☞ じゃ頼む~. 그럼 부탁하네.
* めったに : (뒤에 부정을 수반하여) 거의.

좀처럼.

* ぽろりと : 맥없이 떨어지는 모양. 똑.

* 零(溢)れる : 넘쳐흐르다. 흘러나오다.

* どうか : (예사롭지 않은 모양). 어떻게.
  ☞ ~している. 어떻게 됐다(이상하다).

* 小鳥 : 작은 새.

* 懐 : ① 품. 가슴(속). ② 호주머니(속의 돈).
  ☞ ~が寒い. 호주머니가 춥다(비었다).

* 矢立 : 먹통에 붓통이 달린 휴대용 문방구.

* すらすら : (거침없는 모양) 술술. 척척. 거침없이.

* 送り出す : (현관이나 대문까지) 배웅하다.

* をりをりは 深山の塒 こひぬべし われも昔
  の おもほゆらくに : 《和歌》

  ▶ をりをり → 折折 :
    ① 그때 그때. = そのつど.
    ② 때때로. 이따금. = ときどき.
  ▶ 深山 :
    ① 산의 미칭.
    ② 깊은 산. = 奥山 ↔ 端山・外山.
  ▶ 塒 : (본디 寝座, 즉 「잠자리」의 뜻).

① (새의) 보금자리. ② 잘 곳. 자기집.
▶ こひ : 上二段動詞「恋ふ」(文語)의 連用形.
▶ ぬ : 完了의 助動詞「ぬ」(文語)의 終止形.
▶ べし : 推量의 助動詞「べし」의 終止形.
▶ われ : 我 또는 吾로도 씀.
▶ 思ほゆ(下二段動詞) :「覚ゆ」(下二段動詞)와 같은 뜻. 즉「思われる」,「感じられる」,「思い出される」의 뜻.
▶ らく : 接尾語. 終止形이나 未然形에 접속. 현대어「~すること」의 뜻. 문말에 올 경우에는 영탄을 나타냄.「~することよ」.

* ざっと : 대충. 대강.
* 巣 : ① 새나 짐승, 곤충 따위의 집.
　　　② 사람이 사는 보금자리.
* 厄介 : ① 귀찮음. 성가심.　　　　　　　　　　　　　▶ ~者. 귀찮은 존재.
　　　② 폐. 신세. ☞ ~をかける. 폐를 끼치다.
　　　　~になる. 신세를 지다.
　　　③ 시중. 돌봄. ☞ ~を見る. 시중을 들다.
* 叫ぶかと思うと : 외치자마자. →「~かと思うと」. ~자마자 곧. ~가 했더니 곧. = ~が早いか・~や否や.
* つかつか(と) : 성큼성큼.
* 突然 : 돌연. 갑자기.

* 躊躇う : 주저하다. 망설이다.

* 二声三声 : 두세 마디 소리.

▶ 一声 [いっせい. ひとこえ].

* ぱっと : 갑자기 상황이 바뀌는 모양. 획. 홱. 확.

* 何処ともなく : 어디론지. 어딘지 모르게.

* 然も : 아주. 정말. 참으로. 자못. = いかにも.

* 慰み : 위로. 위안. 심심풀이.

▶ ~物. 노리개. 장난감. = おもちゃ.

* 親もあれば友だちもある : 부모도 있거니와 친구도 있다. → 「~も~ば~も」. ~도 ~거니와 ~도.

* 入れておくのだもの : 넣어 두었던 거야.

▶ 「もの」. 감동 표현.

* 気が付く : 깨닫다. 눈치 채다. 정신이 돌아오다. = 気付く.

* 初めて : 【副】처음(으로). 비로소.

* 飼う : 기르다. 사육하다.

良寛さま 87

08

野バラ
― 小川未明 ―

小川未明：明治15年(1882)新潟県高田市に生まれる。正しくは「未明」。日本の児童文学の先覚者である。戦後「小川未明童話全集」12巻が刊行され、その業績に対して芸術院賞があたえられ、ついで昭和28年(1953)文化功労賞をおくられるとともに、芸術院会員となる。童話は、七・八百編の多きにのぼるが、それ以外に短編小説、随筆などもある。

　この「野バラ」(大正12年-1923)は、戦争を否定し、平和をねがう心がにじみ出ている反戦童話として有名である。

　大きな国と、それより少し小さな国とがとなりあっていました。とうざ、その二つの国の間にはなにごとも起こらず平和でありました。

　ここは都から遠い、国境であります。そこには両方の国から、ただひとりずつの兵隊がはけんされて、国境をさだめた石碑を守っていました。大きな国の兵士は老人でありました。そうして、小さな国の兵士は青年でありました。

　ふたりは石碑のたっている右と左に番をしていました。いたっ

てさびしい山でありました。そして、まれにしか、そのへんを旅する人かげは見られなかったのです。

　はじめ、たがいに顔を知りあわない間は、ふたりは敵か味方かというような感じがして、ろくろくものも言いませんでしたけれど、いつしか、ふたりはなかよしになってしまいました。ふたりは、ほかに話をする相手もなく、たいくつであったからであります。そして、春の日はながく、うららかに、頭の上に照りかがやいているからでありました。

　ちょうど、国境のところには、だれが植えたということもなく、一かぶの野バラが、しげっていました。その花には、朝早くからミツバチがとんできて集まっていました。そのこころよい羽音が、まだふたりのねむっているうちから、夢ごこちに耳に聞こえました。

　「どれ、もう起きようか。あんなにミツバチが来ている。」と、ふたりは申し合わせたように起きました。そして外へ出ると、はたして、太陽は木のこずえの上に元気よくかがやいていました。

　ふたりは岩まから出る清水で口をすすぎ、顔を洗いにまいりますと、顔を合わせました。

　「やあ、おはよう。いい天気でございますな。」

　「ほんとうにいい天気です。天気がいいと、気持がせいせ

いします。」

　ふたりは、そこでこんな立ち話をしました。たがいに頭をあげて、あたりのけしきをながめました。毎日見ているけしきでも、新しい感じを、見るたびに心にあたえるものです。

　青年はさいしょ将棋の歩みかたを知りませんでした。けれども老人について、それをおそわりましてから、このごろは、のどかな昼ごろには、ふたりは毎日、向かいあって将棋をさしていました。

　はじめのうちは、老人のほうがずっと強くて、こまを落としてさしていましたが、しまいには、あたりまえにさして、老人が負かされることもありました。

　この青年も、老人も、いたっていい人々でありました。ふたりとも正直で、親切でありました。ふたりはいっしょうけんめいで、将棋盤の上で争っても、心はうちとけていました。

　「やあ、これはおれの負けかいな。こうにげつづけては、
　　苦しくてかなわない。ほんとうの戦争だったら、どんな
　　だかしれん。」

と老人は言って、大きな口をあけて笑いました。

　青年はまた、勝ちみがあるのでうれしそうな顔つきをして、いっしょうけんめいに目をかがやかしながら、相手の王様を追っ

ていました。

　小鳥はこずえの上で、おもしろそうに歌っていました。白いバラの花からは、よいかおりを送ってきました。

　冬は、やはりその国にもあったのです。寒くなると老人は、南の方をこいしがりました。

　その方には、せがれや孫が住んでいました。

　「早く、ひまをもらって帰りたいものだ。」

と、老人は言いました。

　「あなたがお帰りになれば、知らぬ人が、かわりに来るでしょう。やはり親切な、やさしい人ならいいが、敵、味方、というような考えを持った人だとこまります。どうか、もうしばらくいてください。そのうちに春がきます。」

と、青年は言いました。

　やがて冬が去って、また春となりました。ちょうどそのころ、この二つの国は、何かの利益問題から、戦争を始めました。そうしますと、これまで毎日、なかむつまじくくらしていたふたりは、敵、味方のあいだがらになったのです。それがいかにも、ふしぎなことに思われました。

　「さあ、おまえさんとわたしは、きょうからかたきどうし

になったのだ。わたしはこんなにおいぼれていても少佐だから、わたしの首を持って行けば、あなたは出世ができる。だから殺してください。」

と、老人は言いました。

これを聞くと、青年は、あきれ顔をして、

「何を言われますか。どうしてわたしとあなたとが、かたきどうしでしょう。わたしの敵は、ほかになければなりません。戦争はずっと北の方でひらかれています。わたしは、そこへ行って戦います。」

と青年は言い残して、去ってしまいました。

国境には、ただひとり老人だけが残されました。青年のいなくなった日から、老人はぼうぜんとして日を送りました。野バラの花がさいて、ミツバチは、日があがると、くれるころまで群がっています。今、戦争はずっと遠くでしているので、たとい耳をすましても、空をながめても、鉄砲の音も聞こえなければ、黒いけむりのかげすら見られなかったのであります。老人は、その日から、青年の身のうえを案じていました。日はこうしてたちました。

ある日のこと、そこを旅人が通りました。老人は戦争について、どうなったかとたずねました。すると、旅人は、小さな国が

負けて、その国の兵士はみなごろしになって、戦争は終わったということを告げました。

　老人は、そんなら青年も死んだのではないかと思いました。そんなことを気にかけながら、石碑のいしずえにこしをかけて、うつむいていますと、いつか知らず、うとうとといねむりをしました。かなたから、おおぜいの人の来るけはいがしました。見ると、一列の軍隊でありました。そして、馬に乗ってそれを指揮す

るのは、かの青年でありました。その軍隊はきわめてせいしゅくで声ひとつたてません。やがて老人の前を通るとき、青年は黙礼をして、バラの花をかいだのでありました。

　老人は何かものを言おうとすると、目がさめました。それは

まったく夢であったのです。それからひと月ばかりしますと、野バラがかれてしまいました。その年の秋、老人は南の方へひまをもらって帰りました。

08　해설

* 児童 : 아동.　　　　　　　　　　　　　▶ 小児科. 稚児.

* 野バラ : 들장미. = 野薔薇　　　　　▶ 野茨. 찔레나무.
　　　　　　　　　　　　　　　　　　　　　(「のばら」의
　　　　　　　　　　　　　　　　　　　　　뜻으로도 쓰임)

* 隣り合う : 서로 이웃이 되다.

* 当座 : 그 자리. 그 당장. 당분간.

* 国境 : 「くにざかい」라고도 함.

* 番をする : 파수를 보다.

* 至って : 【副】지극히. 매우.

* 希(稀)にしか : 드물게밖에. → 「しか」는 뒤의 「なかった」에 연결됨.

* 人影(ひとかげ) : 인영. 사람의 그림자(모습).

* 敵(てき) :「かたき」라고도 함. ↔ 味方(みかた). 자기 편. 아군.　　　　　　　　　　　　　▶ かたき討(う)ち. 복수.

* 碌々(ろくろく) :【副】(부정을 수반하여) 변변히. 제대로. = 碌に.

* いつしか : 어느 덧. 어느 사이엔가. = いつか. いつの間にか.

* 仲良(仲好)(なかよ)し : 사이가 좋음.

* 退屈(たいくつ) : 지루함. 무료함. 심심하고 따분함.

* 麗(うら)らか : 화창한 모양. 명랑한 모양.

* 照(て)り輝(かがや)く : 아름답게 빛나다.

* 植(う)えたということもなく : 심었다고 하는 것도 없이. → 심은 것도 아닌데.

* 茂(しげ)る : 초목이 무성하다.

* 蜜蜂(みつばち) : 꿀벌.　　　　　　　　　　　　　▶ 蜂蜜(はちみつ). 벌꿀.

* 快(こころよ)い : 상쾌하다. 유쾌하다. 기분 좋다.

* 羽音(はおと) : 날개 소리. 화살의 깃 소리.

* 夢心地 : 꿈을 꾸는(듯 황홀한) 기분.

* どれ : 【感動】 (동작이나 행동을 개시할 때 쓰는 말) 어디. 이제. 자.

* 申し合わせる : 상의해서 정하다. 약속하다. 합의하다.

* 果して : 【副】 과연. 역시.

* 梢(杪) : (木末의 뜻) 나뭇가지 끝.

* 岩間 : 바위 틈.

* 清水 : 맑은 물. ▶ 清水寺.

* 口を漱ぐ : 입을 가시다. 양치질하다. ▶ 濯ぐ. 씻다. 헹구다.
▶ 洗濯.

* 参る : 「行く」・「来る」의 공손한 말.

* 気持が清々する : 기분이 시원하다.

* 立ち話 : 서서 하는 이야기.

　☞ ~をする. 서서 이야기하다. ▶ 立ち食い. 서서 먹음.

* 歩み : ① 걸음. 보조.

　　　　② (사물의) 진행. 흐름.

* 閑(長閑) : 화창한 모양. 한가로운 모양.

野バラ　99

* 将棋を差す(指す) : 장기를 두다.

* 駒 : ① 망아지. 말. ② (장기의) 말.
  ☞ 駒を落とす. (장기에서) 말을 떼고 두다.

* 終い(仕舞い) : 끝. 최후. 마지막.

* 当り前 : ① 당연. 마땅함. ② 보통. 예사.

* 負かす : 지우다. 이기다. = 勝つ.
  ☞ 相手を~. 상대를 이기다.

* 打ち解ける : 마음을 터놓다. 격의(허물) 없이 지내다.

* 負けかいな : 「かい」→
  ① 가벼운 의문. ☞ 見た~. 보았니?
  ② 강한 반대. ☞ そんなことがある~. 그런 일이 있겠어?

* かなう : ① 敵う : 대적하다. 필적하다.
  ☞ 敵わない : 견딜 수 없다. 참을 수 없다.
  ② 適う : 들어맞다. 적합하다.
  ③ 叶う : 희망대로 되다. 할 수 있다.

* どんなだかしれん : 「ん」→ 否定의 助動詞

▶ 碁を打つ. 바둑을 두다.

▶ ① 独楽. 팽이.
  ② 高麗(こうらい).

「ぬ」의 転訛. ☞ いか~.（あか~）안 돼.
→ p.83.

* 勝ち味 : 이길 가망. 승산.

* 輝かす : 빛내다.

* 香(薫)り : 향기. 좋은 냄새.

▶ におい:
① 匂い. 향기.
② 臭い. 나쁜 냄새
▶ 臭い.【形】고약한 냄새가 나다.

* 倅 : 내 아들(자기 아들의 겸칭).

* 暇 : 틈. 짬. 휴가. ☞ ~をもらう. 휴가를 얻다. = ~を取る.

* 帰りたいものだ :「ものだ」→ （감동・희망・회상을 나타내어）~싶다. ~한걸. ~구나.

* 睦まじい : 사이가 좋다. 의가 좋다. 화목하다.

* 間柄 : （사람과 사람과의） 사이. 관계.

* 如何にも : ① 어떻게든(지). ② 자못. 정말이지. ③ 과연. 확실히.

* 同士 : ① 동지.「同志」라고도 씀. ②（접미어적 의미로） 끼리(주로 かな로 씀).

野バラ

* 老い耄れる : 늙어 빠지다.

* 少佐 : 소좌(우리나라의 소령에 해당함).

* 呆れ顔 : 질린(놀란·어이없는) 얼굴.

* ほかになければなりません : 딴 곳(他所)에 없으면 안 됩니다 → 딴 곳에 있어야만 합니다.

* 呆然(茫然) : 망연. 어리둥절함.

* 仮令(縦令) : 가령. 설령.

* 耳を澄ます : 귀를 기울이다.

* 音も聞こえなければ、黒い煙の影すら : 「〜も〜ば〜も(すら·さえ)」의 용법. → p.87

* 案じる : ① 걱정하다. 근심하다. ② 안출하다. 생각해 내다.

* 旅人 : 「りょじん」이라고도 읽음.

▶ 「たびにん」이라고 읽으면, 떠돌이(약장수 등)의 뜻임.

* 皆殺し : 몰살. ☞ 〜になる. 몰살되다.

* 気にかける : 마음에 두고 걱정하다.

* 礎 : 주춧돌.

* 腰をかける : (걸터)앉다.

* 俯く : 머리(고개)를 숙이다.

* いつか知らず : 어느 결에. 어느 사이에. 모르는 사이에.

* うとうと : 깜빡깜빡 조는 모양. = うつらうつら.

* 居眠りをする : 앉아서 졸다.

* 彼方 : 저쪽. 저편.

* 気配 : ① 기미. 낌새. = 気色・けわい.

   ☞ ~がする. 낌새가 있다.

   ② 경기. 시세. = 気配(きはい).

* 彼の : 저. 그. = あの.

* 静粛 : 정숙.

* 声を立てる : 목소리를 내다.

* 嗅ぐ : 냄새를 맡다.

* 目が覚める : 잠이 깨다. 정신이 들다.　　▶ 目を覚ます. 잠을 깨다. = 起きる.

* 一月ばかりしますと : 「します」 → 代表動詞 「する」(「たつ」의 뜻).

* 枯れる : (초목이) 마르다. 시들다.

▶ ① 涸れる.
　　(물이) 마르다.
　② 嗄れる. (목이) 쉬다.

09

ひとふさのぶどう

−有島武郎−

有島武郎： 明治11年(1878)ー大正12年(1923)。初め熱心なクリスチャンであった有島武郎は、アメリカ留学中、信仰に対して批判的となり、次第に無政府的な社会主義に関心を示していった。帰国後『白樺』の同人に加わって『カインの末裔』『小さき者へ』『生まれ出づる悩み』『或る女』等を書いた。彼は人道主義的傾向が強く、思想的苦悩の結果財産を放棄した。晩年における農場解放の試みは、武者小路実篤の「新しき村」運動とともに、白樺派理想主義の実践でもあった。

これは大正9年(1920)に書かれたものであるが、今でも日本の児童文学の代表的な作品として多くの少年少女に愛読されている。

ぼくは小さいときに、絵をかくことがすきでした。ぼくの通っていた学校は横浜の山の手という所にありましたが、そこいらは西洋人ばかり住んでいる町で、ぼくの学校も教師は西洋人ばかりでした。そして、その学校の行き帰りには、いつでもホテルや、西洋人の会社などがならんでいる海岸の通りを通るのでした。通りの海ぞいに立って見ると、まっさおな海の上には軍艦だの商船

だのがいっぱいならんでいて、煙突から煙の出ているのや、ほ柱からほ柱へ万国旗をかけわたしたのやがあって、目がいたいようにきれいでした。ぼくは岸に立って、そのけしきを見わたして、うちに帰ると、覚えているだけをできるだけ美しく絵にかいてみようとしました。けれども、あのすき通るような海のあい色と、白いほまえ船などの水ぎわ近くにぬってある洋紅色とは、ぼくの持っている絵の具では、どうしてもうまく出ませんでした。いくらかいてもかいても、ほんとうのけしきで見るような色にはかけませんでした。

　ふと、ぼくは学校の友だちの持っている西洋絵の具を思い出しました。その友だちは、やはり西洋人で、しかもぼくより二つぐ

らい年が上でしたから、せいは見あげるように大きい子でした。ジムというその子の持っている絵の具は、はくらいの上等のもので、軽い木のはこの中に十二種の絵の具が、小さなすみのように四角な形に固められて、二列にならんでいました。どの色も美しかったが、とりわけて、あいと洋紅とはびっくりするほど美しいものでした。ジムはぼくよりせいが高いくせに、絵はずっとへたでした。それでもその絵の具をぬると、へたな絵さえなんだか見ちがえるように美しくなるのです。ぼくはいつでもそれをうらやましいと思っていました。あんな絵の具さえあれば、ぼくだって、海のけしきを、ほんとうに海に見えるようにかいてみせるのになあと、自分の悪い絵の具をうらみながら考えました。そうしたら、その日からジムの絵の具がほしくってほしくってたまらなくなりましたけれど、ぼくはなんだかおくびょうになって、パパにもママにも買ってくださいと願う気になれないので、毎日毎日、その絵の具のことを心の中で思い続けるばかりでいく日か日がたちました。

　今ではいつのころだったか覚えてはいませんが、秋だったのでしょう、ぶどうの実がじゅくしていたのですから。天気は、冬がくる前の秋によくあるように、空のおくのおくまで見すかされそうに晴れわたった日でした。ぼくたちは先生といっしょに弁当を

食べましたが、その楽しみな弁当のさいちゅうでも、ぼくの心はなんだか落ち着かないで、その日の空とはうらはらに暗かったのです。ぼくは自分ひとりで考えこんでいました。だれかが気がついて見たら、顔はきっと青かったかもしれません。ぼくはジムの絵の具がほしくってほしくってたまらなくなってしまったのです。むねがいたむほどほしくなってしまったのです。ジムはぼくのむねの中で考えていることを知っているにちがいないと思って、そっとその顔を見ると、ジムはなんにも知らないように、おもしろそうにわらったりして、わきにすわっている生徒と話をしているのです。でも、そのわらっているのがぼくのことを知っていてわらっているようにも思えるし、何か話をしているのが、

「いまに見ろ、あの子がぼくの絵の具を取るにちがいないから。」

と言っているようにも思えるのです。ぼくはいやな気持になりました。けれども、ジムがぼくを疑っているように見えれば見えるほど、ぼくはその絵の具がほしくてならなくなるのです。

　ぼくはかわいい顔はしていたかもしれないが、からだも心も弱い子でした。そのうえおくびょう者で、言いたいことも言わずに済ますようなたちでした。だからあんまり人からはかわいがられなかったし、友だちもないほうでした。昼ご飯が済むと、他のこ

どもたちは活発(かっぱつ)に運動場に出て走り回って遊びはじめましたが、ぼくだけはなおさらその日は変に心がしずんで、ひとりだけ教場(きょうじょう)にはいっていました。外が明るいだけに教場の中は暗くなって、ぼくの心の中のようでした。自分の席にすわっていながら、ぼくの目は時々ジムのつくえのほうに走りました。ナイフでいろいろないたずら書きがほりつけてあって、手あかでまっ黒になっているあのふたをあげると、その中に本や雑記帳(ざっきちょう)や石板(せきばん)といっしょになって、あめのような木の色の絵の具ばこがあるんだ。そしてそのはこの中には小さなすみのような形をしたあいや洋紅の絵の具が……。ぼくは顔が赤くなったような気がして、思わずそっぽを向いてしまうのです。けれども、すぐまた横目でジムのつくえのほうを見ないではいられませんでした。むねのところがどきどきとして苦しいほどでした。じっとすわっていながら、ゆめでおににでも追いかけられたときのように、気ばかりせかせかしていました。

　教場にはいるかねがかんかんと鳴りました。ぼくは思わずぎょっとして立ち上がりました。生徒たちが大きな声でわらったりどなったりしながら、洗面所(せんめんじょ)のほうに手をあらいに出かけて行

くのがまどから見えました。ぼくは急に頭の中が氷のように冷たくなるのを気味悪く思いながら、ふらふらとジムのつくえの所に行って、半分ゆめのようにそこのふたをあげてみました。そこにはぼくが考えていたとおり、雑記帳やえんぴつばこと交じって、見覚えのある絵の具ばこがしまってありました。なんのためだか知らないが、ぼくはあっちこっちをむやみに見回してから、手早くそのはこのふたをあけて、あいと洋紅との二色を取り上げるが早いか、ポケットの中におしこみました。そして急いで、いつも整列して先生を待っている所に走って行きました。

　ぼくたちはわかい女の先生に連れられて教場にはいり、めいめいの席にすわりました。ぼくはジムがどんな顔をしているか見たくってたまらなかったけれど、どうしてもそっちのほうをふり向くことができませんでした。でも、ぼくのしたことをだれも気がついた様子がないので、気味が悪いような安心したような心持でいました。ぼくの大すきなわかい女の先生のおっしゃることなんかは、耳にはいりはしても、なんのことだかちっともわかりませんでした。先生も時々不思議そうにぼくのほうを見ているようでした。

　ぼくはしかし、先生の目を見るのがその日に限ってなんだかいやでした。そんなふうで一時間がたちました。なんだかみんな耳

こすりでもしているようだと思いながら一時間がたちました。

　教場を出るかねが鳴ったので、ぼくはほっと安心して、ため息をつきました。けれども、先生が行ってしまうと、ぼくはぼくの級でいちばん大きな、そしてよくできる生徒に、

　「ちょっとこっちへおいで。」

と、ひじのところをつかまれていました。ぼくのむねは、宿題をなまけたのに先生に名をさされたときのように、思わずどきんとふるえはじめました。けれどもぼくはできるだけ知らないふりをしていなければならないと思って、わざと平気な顔をしたつもりで、しかたなしに運動場のすみに連れて行かれました。

　「きみはジムの絵の具を持っているだろう。ここへ出したまえ。」

　そう言って、その生徒はぼくの前に大きく広げた手をつき出しました。そう言われると、ぼくはかえって心が落ち着いて、

　「そんなもの、ぼく、持ってやしない。」

と、つい、でたらめを言ってしまいました。そうすると三・四人の友だちといっしょにぼくのそばに来ていたジムが、

　「ぼくは昼休みの前にちゃんと絵の具ばこを調べておいたんだよ。一つもなくなってはいなかったんだよ。そして昼休みが済んだら、二つなくなっていたんだよ。そして

休みの時間に教場にいたのはきみだけじゃないか。」
と、少しことばをふるわせながら言い返しました。
　ぼくはもうだめだと思うと、急に頭の中に血が流れこんできて、顔がまっかになったようでした。するとだれだったか、そこに立っていたひとりが、いきなりぼくのポケットに手をさしこもうとしました。ぼくはいっしょうけんめいにそうはさせまいとしたけれども、多勢に無勢でとてもかないません。ぼくのポケットの中からは、見る見るマーブル玉やなまりのめんこなどといっしょに、二つの絵の具のかたまりがつかみ出されてしまいました。「それ見ろ。」と言わんばかりの顔をして、こどもたちはにくらしそうにぼくの顔をにらみつけました。ぼくのからだはひとりでにぶるぶるふるえて、目の前がまっ暗になるようでした。いいお天気なのに、みんな休み時間をおもしろそうに遊び回っているのに、ぼくだけはほんとうに心からしおれてしまいました。
　あんなことを、なぜしてしまったんだろう。取り返しのつかないことになってしまった。もうぼくはだめだ。そう思うと、弱虫だったぼくは、さびしく悲しくなってきて、しくしくとなきだしてしまいました。
　「ないておどかしたってだめだよ。」
と、よくできる大きな子が、ばかにするようなにくみきったよう

な声で言って、動くまいとするぼくを、みんなで寄ってたかって二階にひっぱって行こうとしました。ぼくはできるだけ行くまいとしたけれども、とうとう力まかせに引きずられて、はしごだんを、登らされてしまいました。そこにぼくのすきな受持の先生のへやがあるのです。
　やがて、そのへやの戸をジムがノックしました。ノックするとは、はいってもいいかと戸をたたくことなのです。中からはやさしく「おはいり。」という先生の声が聞こえました。ぼくは、そのへやにはいるときほどいやだと思ったことはまたとありません。
　何か書き物をしていた先生は、どやどやとはいってきたぼくたちを見ると、少しおどろいたようでした。が、首のところでぶつりと切ったかみの毛を右の手でなで上げながら、いつものとおりのやさしい顔をこちらに向けて、ちょっと首をかしげただけで、なんのご用、というふうをなさいました。そうすると、よくできる大きい子が前に出て、ぼくがジムの絵の具を取ったことをくわしく先生に言いつけました。先生は少しくもった顔つきをして、まじめに、みんなの顔や、半分なきかかっているぼくの顔を見比べていらっしゃいましたが、ぼくに、「それはほんとうですか。」とおききになりました。ほんとうなんだけれども、ぼくがそんないやなやつだということを、どうしてもぼくのすきな先生に知ら

れるのが、つらかったのです。だからぼくは、答えるかわりにほんとうになきだしてしまいました。

先生はしばらくぼくをみつめていましたが、やがて生徒たちに向かって、静かに、「もう行ってもようございます。」と言って、みんなを帰してしまわれました。生徒たちは少し物足らなそうにどやどやと下へおりて行ってしまいました。

先生は少しの間なんとも言わずに、ぼくのほうも向かずに、自分の手のつめをみつめていましたが、やがて静かに立って来て、ぼくのかたのところをだきすくめるように、して、「絵の具はもう返しましたか。」と、小さな声でおっしゃいました。ぼくは返したことをしっかり先生に知ってもらいたいので、深々とうなずいてみせました。

「あなたは自分のしたことをいやなことだったと思っていますか。」

もう一度そう先生が静かにおっしゃったときには、ぼくはもうたまりませんでした。ぶるぶるとふるえてしかたがないくちびるを、かみしめてもかみしめてもなき声が出て、目からはなみだがむやみに流れてくるのです。もう先生にだかれたまま死んでしまいたいような心持になってしまいました。

「あなたはもうなくんじゃない。よくわかったらそれでい

ひとふさのぶどう 115

いから、なくのをやめましょうね。次の時間には教場に出ないでもよろしいから、私のこのおへやにいらっしゃい。静かにしてここにいらっしゃい。私が教場から帰るまでここにいらっしゃいよ。いい。」
とおっしゃりながら、ぼくを長いすにすわらせて、そのときまた勉強のかねが鳴ったので、つくえの上の書物を取り上げて、ぼくのほうを見ていらっしゃいましたが、二階のまどまで高くはい上がったぶどうづるから、ひとふさの西洋ぶどうをもぎ取って、しくしくとなき続けていたぼくのひざの上にそれを置いて、静かにへやを出ていらっしゃいました。

一時がやがやとやかましかった生徒たちはみんな教場にはいって、急にしんとするほどあたりが静かになりました。ぼくはさびしくってさびしくってしようがないほど悲しくなりました。あのくらいすきな先生を苦しめたかと思うと、ぼくはほんとうに悪いことをしてしまったと思いました。ぶどうなどはとても食べる気になれないで、いつまでもないていました。

ふと、ぼくはかたを軽くゆすぶられて目をさましました。ぼくは先生のへやで、いつの間にかきねいりをしていたとみえます。少しやせてせいの高い先生は、えがおを見せてぼくを見おろしていらっしゃいました。ぼくは、ねむったために気分がよく

なって今まであったことはわすれてしまって少しはずかしそうにわらい返しながら、あわてて、ひざの上からすべり落ちそうになっていたぶどうのふさをつまみ上げましたが、すぐ悲しいことを思い出して、わらいも何もひっこんでしまいました。

「そんなに悲しい顔をしないでもよろしい。もうみんなは帰ってしまいましたから、あなたもお帰りなさい。そして、あしたはどんなことがあっても学校に来なければいけませんよ。あなたの顔を見ないと、私は悲しく思いますよ。きっとですよ。」

そう言って、先生はぼくのかばんの中にそっとぶどうのふさを入れてくださいました。ぼくは、いつものように、海岸通りを、海をながめたり船をながめたりしながら、つまらなく家に帰りました。そして、ぶどうをおいしく食べてしまいました。

けれども、次の日がくると、ぼくはなかなか学校に行く気にはなれませんでした。おなかがいたくなればいいと思ったり、頭痛がすればいいと思ったりしたけれども、その日に限って、虫歯一本いたみもしないのです。しかたなしに、いやいやながら家は出ましたが、ぶらぶら考えながら歩きました。どうしても学校の門をはいることはできないように思われたのです。けれども、先生

の別れの時のことばを思い出すと、ぼくは先生の顔だけは、なんといっても見たくてしかたがありませんでした。ぼくが行かなかったら、先生はきっと悲しく思われるにちがいない。もう一度先生のやさしい目で見られたい。ただその一事があるばかりで、ぼくは学校の門をくぐりました。

　そうしたら、どうでしょう。まず第一に待ちかねていたようにジムがとんで来て、ぼくの手をにぎってくれました。そしてきのうのことなんかわすれてしまったように、親切にぼくの手をひいて、どぎまぎしているぼくを先生のへやに連れて行くのです。ぼくはなんだかわけがわかりませんでした。学校に行ったらみんなが遠くのほうからぼくを見て、「見ろ、どろぼうのうそつきが来た。」とでも悪口を言うだろうと思っていたのに、こんなふうにされると、気味が悪いほどでした。ふたりの足音を聞きつけてか、先生はジムがノックしない前に戸をあけてくださいました。ふたりはへやの中にはいりました。

　「ジム、あなたはいい子。よく私の言ったことがわかってくれましたね。ジムはもうあなたからあやまってもらわなくってもいいと言っています。ふたりは今からいいお友だちになれば、いいんです。ふたりとも、じょうずに握手なさい。」

と、先生はにこにこしながら、ぼくたちを向かい合わせました。ぼくは、でもあんまりかってすぎるようでもじもじしていますと、ジムはぶらさげていたぼくの手をいそいそとひっぱり出して、かたくにぎってくれました。ぼくは、もうなんと言ってこのうれしさを表わせばいいのかわからないで、ただはずかしくわらうほかありませんでした。ジムも気持よさそうに、えがおをしていました。先生はにこにこしながら、ぼくに、

「きのうのぶどうはおいしかったの。」

と、問われました。ぼくは顔をまっかにして、「ええ。」とはくじょうするよりしかたがありませんでした。

「そんなら、またあげましょうね。」

そう言って、先生はまっ白なリンネルの着物に包まれたからだをまどからのび出させて、ぶどうのひとふさをもぎ取って、まっ白い左の手の上に粉のふいたむらさき色のふさをのせて、細長い銀色のはさみでまん中からぷつりと二つに切って、ジムとぼくにくださいました。まっ白い手のひらにむらさき色のぶどうのつぶが重なってのっていたその美しさを、ぼくは今でもはっきりと思い出すことができます。

ぼくはそのときから、前より少しいい子になり、少しはにかみやでなくなったようです。

　それにしても、ぼくの大すきなあのいい先生はどこに行かれたのでしょう。もう二度とは会えないと知りながら、ぼくは今でも、あの先生がいたらなあと思います。秋になると、いつでもぶどうのふさはむらさき色に色づいて、美しく粉をふきますけれども、それを受けた大理石のような白い美しい手は、どこにも見つかりません。

09 해설

* 一房(ひとふさ) : 한송이.

* 葡萄(ぶどう) : 포도.

* 山の手 : 고지대(의 주택가). ↔ 下町(したまち) : 저지대로 상공업 지대. 번화가.

* そこいら : 그 근방.

* 海沿(うみぞ)い : 「~沿(ぞ)い(添い)」 → ~를 따라서.
  ☞ 海沿いの道. 바다를 따라서 나 있는 길.

* だの : (体言이나 用言의 命令形 등에 붙어서 열거를 나타냄) ~(이)라든가. ~라거니.

* 帆柱(ほばしら)(檣(ぼしら)) : 돛대.

▶ 花房(はなぶさ). 꽃송이.
  乳房(ちぶさ). 유방.

* 万国旗(ばんこっき)・万国旗(ばんこくき) : 만국기.

* 掛(か)け渡(わた)す : 건너지르다. 놓다.

* 透(す)き通(とお)る(透き徹る) : 비쳐 보이다. 투명하다.

* 藍色(あいいろ) : 남빛. 남색.

  ※ 青出於藍(青は藍より出でて藍より青し) : 青い絵の具はもと藍から採(と)ったものであるが、藍より青い(荀子, 勧学)。→ 人も学べば才能はその本性(ほんしょう)よりも過ぎるたとえ。弟子が師匠よりも優れること。

* 帆前船(ほまえせん) : 서양식 대형 범선. = 帆船(はんせん).

* 水際(みずぎわ) : 물가. = 汀(みぎわ)・渚(みぎわ)(「なぎさ」라고도 읽음).

* 洋紅色(ようこうしょく) : 양홍색.
  ▶ 紅色(こうしょく).「べにいろ」라고도 함.
  ▶ 黄色(こうしょく).「きいろ」라고도 함.

* 背(せい) : 높이. 키.
  ▶ 背 : ① 등.
      ② 신장. 키.

* 舶来(はくらい) : 외래.
  ▶ ～品. 외래품. ↔ 国産(こくさん).

* 墨(すみ) : 먹.

* 固(かた)める : 굳히다. 뭉치다.

* 取(と)り分(わ)けて : 특히. 유달리. = 取り分け.

* 癖(くせ) : ① 버릇. 습관. ② 「～に」의 꼴로 → ～주제에. ～이면서도.

* 下手(へた) : 서투름. 또 그런 사람. ↔ 上手(じょうず).

* 羨(うらや)ましい : 부럽다.

* あんな絵の具さえあれば、ぼくだって、: 「～さえ(も)～ば～だって(も)」의 용법.

* 見せるのになあ : ①「のに」→【接助】(連体形에 붙어서 반대의 결과를 나타낼 때 쓰임) ～텐데. ～한데. ②「なあ」→【間助】(영탄이나 감동을 나타냄).

* 恨(うら)(怨)む : 원망하다. 분하게 여기다.

* 堪(た)まる : 참다. 견디다. → (보통 否定을 수반하여) 堪まりません. 견디지 못하겠습니다.

▶ ① 炭(すみ) : 숯. 목탄.
　　= 木炭(もくたん).
　② 隅(角)(すみ) : 모퉁이. 구석.

▶ 「取(と)り分(わ)け」는 名詞로도 쓰임.
　① 구분, 갈라놓음.
　② (씨름에서) 비김.

* 臆病(おくびょう) : 겁이 많음.　　　　▶ ~者(もの). 겁쟁이.

* 幾日(いくにち) : 며칠.　　　　　　　▶ ~幾夜(いくよ). 몇 날 몇 밤.

* 熟(じゅく)する : ① (과일 따위가) 잘 익다.

　　　　② (기회 따위가) 무르익다.

* 奥(おく) : ① 깊숙한 곳, 안.

　　② 끝. 끝머리.

　　③ 남의 부인의 높임말.　　　　▶ ~様(さま).

* 見透(みす)かす : 꿰뚫어 보다. 간파하다.

* 晴(は)れ渡(わた)る : (하늘이) 활짝 개다.

* 楽(たの)しみ : 즐거움. 낙.

　☞ 子供を~に生きる. 자식을 낙으로 삼고 살다.

* 最中(さいちゅう) : 한창(인 때). 한중간.

* 裏腹(うらはら) : (본디 뒤쪽 <등>과 배의 뜻) 정반대. 모순됨.

* 考(かんが)え込(こ)む : 골똘히 생각하다. 생각에 잠기다.

* 気(き)が付(つ)く : 정신이 들다. 생각이 나다.

* 痛(いた)む : ① 아프다.

② 괴롭다.
☞ 心が~. 마음이 괴롭다.
③ 상하다. 파손되다.
☞ 痛んだ本. (습기나 좀따위로) 상한 책.

* 脇(傍)わき : ① 겨드랑이. ② 옆. 곁.

* 思える : 생각되다. (자연히) 그렇게 느끼다.

* 今に : ① 곧. 조만간. 이제. ② 머지않아 언젠가.

* 見えれば見えるほど :「~ば~ほど」의 용법. ~(하)면 ~수록.

* ほしくてならない :「ならない」→ 어쩔 수 없다. 못 견디다.
☞ ほしくて~. 갖고 싶어 못 견디다.

* 済すます : ① 끝내다. 마치다.
☞ 朝御飯を~. 아침 식사를 끝내다.
② 때우다.
☞ 金で~. 돈으로 때우다.

▶ 昼御飯が済む.
점심 식사가 끝나다.

* 質たち : 질(質). 성질. 체질. 품질.
☞ ~の悪い犯罪はんざい. 질이 나쁜 범죄.

* 尚更なおさら : 그 위에. 더욱(더).

* 沈む : 가라앉다. 침울하다.
* 明るいだけに : 「~だけに」 → ~이니 만큼.
* 悪戯 : (짓궂은) 장난. 못된 장난.

  ▶ ~っ子. 장난꾸러기.
  ~書き. 낙서(落書き).

  ▶ 徒 : 쓸데없음. 헛됨. 무익함.
  ~事. 헛된 일.

* 彫る : (칼로) 새기다. 조각하다.

  ▶ 掘る : 파다. 구멍을 뚫다.

* 手垢 : 손때.
* そっぽ : 다른 쪽. ☞ ~を向く. 외면하다.
* せかせか : 침착하지 못한 모양(「急く」와 같은 語源임).
* 鐘 : 종.

  ▶ 鉦 : 징. 꽹과리.

* ぎょっと : (갑작스럽게 놀라는 모양) 섬뜩. 오싹. 철렁.
* 怒鳴る : 고함치다. 호통치다.
* 気味悪い : 어쩐지 기분이 나쁘다. 어쩐지 무서운[싫은] 느낌이 들다.

* 鉛筆箱(えんぴつばこ) : 필통. = 筆箱(ふでばこ).

* 無暗(無闇)(むやみ) : ① 함부로 또는 무턱대고 하는 모양. ② 과도한 모양.

▶ ～に. 함부로. 무턱대고. 마구. 터무니없이.

* 手早い(手速い)(てばや) : 재빠르다. 민첩하다.

* 取り上げるが早いか : 집어 들자마자.

▶ ～が早いか. = ～や否(いな)や. = ～かと思うと의 용법(「～とすぐ」의 의미). → p.86.

* 押し込む(おしこ) : 쑤셔 넣다. 억지로 밀어 넣다.

* 銘々(めいめい) : 각각. 제각기.

* 耳にはいりはしても : 귀에 들어오기는 해도. → 動詞의 連用形 + 「は」 + する의 용법. (～하기)는 하다.

* その日に限って : 그날따라(서).

* 耳擦り(みみこす) : ① 귀엣말. = 耳打ち.

　☞ ～をする. 귀엣말을 하다.

　② 빗대어 말함. = 当(あ)て擦(こす)り.

　☞ ～を言う. 빗대(어 말하)다.

* ほっと : (한숨 쉬는 모양) 후유.

☞ ～安心する. 후유하고 안심하다.

* 溜息(ためいき) : 한숨.

    ☞ ～を吐く. 한숨을 쉬다.

* よくできる生徒 : 잘하는 (성적이 좋은) 생도(학생).

* 肘(ひじ) : 팔꿈치.

* 怠(なま)ける : 게으름 피우다. = 怠(おこた)る. サボる(사보타아지하다). ▶ 怠け者(もの). 게으름뱅이.

* 指(さ)す : 가리키다. 지목(지적)하다.

    ☞ 名を～. 지명하다.

* どきんと : (놀라서 가슴이 두근거리는 모양) 덜컥.

* 震(ふる)える : 흔들리다. 추워(무서워)서 떨리다. 진동하다.

* 振(ふ)り : ① 모습. 꼴. 차림새. ② 체.

    ☞ 知らない～をする. 모르는 체하다.

* わざと : 일부로. 고의로.

* 平気(へいき) : 태연함. 침착함.

    ☞ ～な顔をする. 태연한 얼굴을 하다.

* 積もり：① 의도. 속셈. 예정. 작정.

　② ~한 셈.

* 給(賜)う：① 주시다. 내리시다. ＝ 与える.

　②（動詞의 連用形에 붙어）~하시다. →
口語에서는 보통 命令形으로만 쓰이며, 주로 나이든 남성이 사용함.

　☞ 静かにしたまえ. 조용히 하(시)게.

* 突き出す：①（씨름판 따위에서 상대를）떠밀어내다. ② 쑥 (앞으로) 내밀다.

　☞ 手を~. 손을 쑥 내밀다.

▶ 突き出し：(일식집에서) 술안주 등으로 본요리에 곁들여 나오는 간단한 음식.

* 持ってやしない：가지고 있지 않아. →
「や」：強調의 「は」와 같은 용법(「持っていはしない」에서 「いは」가 iwa → ia → ya로 변화한 것).

* つい：① 무심결에. ② 조금. 바로.

* 出鱈目：엉터리. 함부로 함. 터무니없음.

　☞ ~を言う. 엉터리 말을 하다.

▶ 여기에서 「め」는 「さいころの目」라는 説이 있으며, 「出鱈目」는 取音으로, 굳이 말한다면 「튀어나온 대구(생선)의 눈」이라는 뜻.

* ちゃんと：정확하고 틀림없는 모양.

　① 단정하게. 빈틈없이. ② 확실히. 정확하게.

* 震わせる : 떨(게 하)다. 진동시키다.

* 言い返す : ① 되풀이하여 말하다. ② 말대답[말대꾸]하다.

* させまい : 「まい」
→ ① 意味. ⓐ 否定의 推量 : まだ花は散る～. ⓑ 否定의 意志 : もう映画は見～.
② 接続 : ⓐ 五段動詞의 終止形에. ⓑ 그 外의 動詞의 未然形에(단, 「する」의 접속 형태는 다양함). → p.15.

* 多勢 : 많은 사람. = 大勢.

  ☞ 多勢に無勢. 중과부적(衆寡不敵).

* 敵う : 대적(필적)하다.

▶ 敵わない : 당할(견딜・참을) 수 없다.
☞ 暑くて～. 더워서 못 견디겠다.

* 見る見る : 【副】보고 있는 동안에. 순식간에.

* マーブル玉 : 아이들의 놀이에 쓰는 튀김돌. = お弾き (납작한 모양의 유리구슬・조가비・잔돌 따위. 또는 그를 이용한 놀이).

▶ マーブル(marble) : 대리석.

* 鉛(なまり) : 납.

* 面子(めんこ) : 딱지.

* 言わんばかり : 否定의 助動詞「ぬ(ん)」+「ばかり」(아직 실현되지는 않았으나, 그러한 단계에 이르러 있음을 나타냄) → 막(곧·당장)~할 듯이.

  ☞ 噛(か)みつか~に怒鳴(どな)る. 곧 물고 늘어질 듯이 소리치다. いやだと言わ~の顔をする. 당장 싫다고 말할 것 같은 얼굴을 하다.

* 憎(にく)らしい : 밉살스럽다. 얄밉다.

* 睨(にら)み付(つ)ける : 째려보다. 매섭게 쏘아보다.

* 独(ひと)りでに : 저절로. 자연히. = 自然(しぜん)に. 自(おの)ずから.

* 萎(しお)れる : ① (초목 따위가) 시들다. ② 풀이 죽다.

* 取(と)り返(かえ)し : 되찾음. 돌이킴. 만회. 복원.

  ☞ ~がつかない. 돌이킬 수 없다.

* 弱虫(よわむし) : 나약자. 겁쟁이.

▶ 訛(なまり) : 사투리.

▶ 「ん」: 文語의 意志·推量의 助動詞 「む(ん)」로 볼 수는 없을까?

▶ 憎い : 밉다.

* 泣き出す :「出す」→ (動詞의 連用形에 붙어서) ~하기 시작하다.
  ☞ 笑い~. 웃기 시작하다.

* 脅(威・嚇)かす : 위협하다. 협박하다. = 脅かす・脅(威・嚇)す.

* おどかしたって :「たって」→ ① ~(하)더라도. ~(다고) 해도. = たとしても. ても. ② ~(하)려 하여도. ~해 보았자.

* 馬鹿にする : 바보 취급하다. 업신여기다.

* 憎みきる : 철저히 미워하다.「~きる」→ (動詞의 連用形에 붙어서)
  ① 완전히(철저히) ~하다.
  ② 다~하다.
    ☞ 読み~. 다 읽다.
  ③ ~하는 것을 그만두다.
    ☞ 思い~. 단념하다.

* 寄って集って : 여러 사람이 (우르르) 달라붙어.

  ▶「集る」는 개미나 파리 등 벌레가 꾀어드는 모양을 나타내는 말.

* 到頭 : 드디어. 결국. 마침내.

* 力任せ〔ちからまか〕: ① 전력을 다하는 모양. ② 힘을 믿고 설치는 모양.
* 引き摺る〔ひきず〕: (물체나 시간 따위를) 질질 끌다.
* 梯子段〔はしごだん〕: (사다리 모양의) 계단.
* 登らされて:「登る」+ 使役의 助動詞「せる」+ 受動의 助動詞「られる」→ 登らせられる(noboras er areru)의 er 脱落 現象.
  → 登らされる: (자신의 의지와 관계없이) 올라가게 되다.
  ☞ 歌わされる:「歌う」+「せる」+「られる」
  → 歌わせられる(utawas er areru)의 er 脱落.
  → 歌わされる: (자신의 의지와 관계없이) 노래하게 되다.
* 受持〔うけもち〕: 담당함. 또 그 사람. 또는 그 일.
* 戸〔と〕: 문.
  ▶ 雨戸〔あまど〕. (비나 바람을 막기 위한) 덧문.
  ▶ 門〔もん〕・扉〔とびら〕.
* またとない: 다시없다. 둘도 없다.
  ☞ ~機会〔きかい〕. 다시없는 기회.
* 書き物〔かきもの〕: ① 문서. 기록. ② 글을 씀.

☞ ～をする. 글을 쓰다.

* どやどや : 여럿이 떼지어 들어오는 모양. 우르르.

* ぶつり : ① 실 따위가 끊어지는 소리나 모양. 툭. ② 어떤 현상이 끊어져버리는 모양. 딱. 뚝. = ぷっつり.

* 首(くび)を傾(かし)げる : 고개를 갸웃하다.

* 風(ふう) : 모양. 모습. 꼴. 짓.

  ☞ ～をする. 모습을 하다.

* 言(い)い付(つ)ける : ① 분부하다. 명령하다. ② 고자질하다.

* 曇(くも)る : ① 흐리다. 흐려지다. ② (마음이) 어두워지다.

* 真面目(まじめ)に : 진지하게. 착실하게.

* 泣きかかる : 「かかる」→ (動詞의 連用形에 붙어서) 막 ～하다. 막 ～하게 되다.

* 物足らなそうに : 動詞 「物足る」의 否定인 「物足らない」의 語幹에 様態의 助動詞 「そうだ」의 連用形이 붙은 꼴. 어딘지 불만스

▶ 「足る」는 「足りる」의 文語로, 「物足らない」의 의미는 形容詞 「物足りない」와 같음.

러운 듯이. 어딘가 부족한 듯이.

※ 「ない」 + 様態의 「そうだ」 용법
① 動詞의 경우 : 降る + ない + そうだ → 降らなそうだ.
② 形容詞의 경우 : 美しい + ない + そうだ → 美しくなさそうだ.
③ 形容動詞의 경우 : 静かだ + ない + そうだ → 静かでなさそうだ.

▶ 단, 『日本文法大辞典』 (明治書院)에 의하면,
ⓐ おひるまでは、とても着けなさそうだ.
ⓑ 今年中には、とてもできなさそうです.
ⓒ 雨は降らなさそうだ.
그리고,
礼儀を知らなさすぎる와 같은 용법도 보인다.→p.16.

* 抱き竦める : (꼼짝 못하게) 꽉 껴안다.

* 深々と : 깊숙이.

* 頷く(首肯く) : 수긍하다. (고개를)끄덕이다.

* ぶるぶる : 추위나 두려움 따위로 떠는 모양. 부들부들. 벌벌.

* なくんじゃない : 「なくのではない」의 口語体. 우는 것이 아니다. → 울지 마라.

* 出ないでもよろしい : 「出ないでも」는 「出なくても」와 같은 용법으로 쓰였음.

* おっしゃりながら : 「おっしゃる」의 連用形 語尾 変化 → ① 「ます」에 연결될 때에는

ひとふさのぶどう 135

「る」가 「い」로 変化하지만, ② ながら・たい・にくい・そうだ(様態)에 연결될 때에는 「り」로 正常 활용함.

* 書物(しょもつ) : 책. 서적. 도서. = 本(ほん).

* 挽(も)ぎ取(と)る : 비틀어 잡아 따다[떼다].

* 一時(いっとき)・一時(ひととき)・一時(いちじ) : 일시. 한때. 잠시.

* がやがや : 왁자지껄. 와글와글.

* 喧(やかま)しい : ① 시끄럽다. 까다롭다.

  ☞ ~規則(きそく). 까다로운 규칙.

  ② 잔소리가 많다.

  ☞ ~親父(おやじ). 잔소리 많은 아버지.

  ▶ 煩(うるさ)い : 시끄럽다. 번거롭다. 귀찮다.
  ☞ ~親父(おやじ). 잔소리 많은 아버지.

* しんと : 대단히 조용한 모양. 으슥히. 잠잠.

  ☞ ~した共同墓地(きょうどうぼち). 으슥한 공동묘지.

* ゆすぶる : 흔들다. = ゆさぶる.

* 泣(な)き寝入(ねい)り : ① 울다가 잠듦.

  　　　　　　② 억울하지만 참고 넘어감.

* 笑顔(えがお) : 웃는 얼굴.

  ☞ ~を見(み)せる. 웃어 보이다.

  ▶ 微笑(ほほえ)み・微笑(びしょう). 미소.
  ☞ ~を浮(う)かべる. 미소를 띄우다.

* 海岸通り：① 通り(濁音일 경우)

    ⓐ 복합어를 만들 때.

    ☞ 定石~. 정석대로. 注文~. 주문한 대로.

    元~. 그전대로. 計画~. 계획한 대로.

    大~. 큰 거리.

    ⓑ 거리의 이름.

    ☞ 千代田~. 치요다 거리.

    ⓒ 정도.

    ☞ 九分~. 9부 정도.

② 通り(清音일 경우)

    ⓐ 길. ⓑ 통함. ⓒ 평(판).

* 詰まらない：① 하찮다. 시시하다. = 下らない. ② 보람이 없다. ③ 흥미(재미)가 없다. 따분하다.

* 嫌々(厭々·否々)：싫으나 할 수 없이. 마지못해서. = 仕方なく. いやいやながら.

    ☞ ~をする. (아기가) 싫다고 도리질하다.

* ぶらぶら：(흔들리는 모양) 흔들흔들. (걷

는 모양) 어슬렁어슬렁. (게으름 피우는 모양) 빈둥빈둥.

* 一事(いちじ) : 일사. 한 가지 일.

* 潜(くぐ)る : (무엇의 밑으로) 빠져 나가다. 잠수하다.

▶ 潜水艦(せんすいかん). 잠수함.

* 待(ま)ち兼(か)ねる : 「かねる」→ (動詞의 連用形에 붙여서) ~(하)기 어렵다.
  ☞ 納得(なっとく)し~話. 납득하기 어려운 이야기. → p.17.

* どぎまぎ : 당황하는 모양. 허둥지둥. 갈팡질팡.

* 訳(わけ)が分からない : 영문(의미・뜻・이유・사정)을 알 수 없다.

* 遠(とお)くの方(ほう) : 먼 곳. → 形容詞 連用形의 名詞化

▶ 遠く. 먼 곳.
　近く. 가까운 곳. 근처.
　多く. 많음. 많은 것.

* 泥坊(どろぼう)の嘘吐(うそつ)き : 여기에서 「の」는 同格. 泥坊는 도둑(질, 놈), 泥棒로도 씀. 嘘吐きは 거짓말쟁이.
  ☞ 嘘を吐く. 거짓말을 하다.

* 悪口 : 욕. 「わるぐち」라고도 함.
  - ☞ ~を言う. 욕을 하다.

* 気味 : 기분. 취향. 「きび」라고도 함.
  - ☞ ~悪い. (어쩐지) 기분이 나쁘다. (어쩐지) 무서운(싫은) 느낌이 들다.
  - → 気味(濁音인 경우에는 接尾語的 역할) ~기미(경향, 기색).

  ▶ 焦り~. 초조해 하는 기색.

  ※ ① 気味는 快·不快의 기분.
  - ☞ ~の悪い顔つき. 기분 나쁜 얼굴(생김새). いい~だ. 기분 좋다. 고소하다(미운 사람이 잘못되는 것을 보고 하는 말).

  ② 気分은 건강 상태나 주위의 상황에 의해 영향을 받게 되는 기분. 추상적이며 快·不快가 뚜렷하지 않은 감정.
  - ☞ 今日は~が優れない. 오늘은 기분이 좋지 않다. お祭り~になる. 축제 기분(분위기)이 되다.

  ③ 気持ちは 단순한 감정이 아니고 意志나 희망까지 포함하는 경향이 있다.

☞ ～を引き締める. 마음을 다잡다.

* 聞き付ける : 늘 들어서 귀에 익다. 우연히 들어서 알다.

* 謝る : 사과하다. 사죄하다.

▶ 誤る : 실수하다. 잘못하다.

* 上手に : 능란하게. 멋지게.

* 向かい合う : 마주 보다(대하다).

* 勝手すぎる : 너무 제멋대로다.「すぎる」
  → (動詞의 連用形, 形容詞・形容動詞의 語幹에 붙어서) 너무～하다.
  ☞ 食い～. 너무 많이 먹다. 과식하다. 長～. 너무 길다.

* もじもじ : 꾸물꾸물. 머뭇머뭇.

* いそいそ : 허겁지겁. 부리나케. 부랴부랴.

* 外ない : ～(하)는 수밖에 없다.

▶ 外仕方がない.
～(하)는 수밖에 도리가 없다.

* 白狀 : 자백.

* リンネル : 【프】린네르. 亜麻糸를 원료로 한 얇은 직물.

* 粉：가루. 분말. 시설(柿雪)의 일종.

▶ 小麦粉・メリケン粉・うどん粉. 밀가루.
▶ 粉：가루. 분말. 특히 밀가루.
▶ 粉食. 분식.

* 噴く：【自・他】뿜다. 솟다.

☞ 粉を噴いた干し柿. 시설이 배어 나온 곶감.

粉が噴いた芋. 분말이 배어나온 감자.

* 手の平：손바닥 ＝ 掌・掌・手の裏・手の内.

↔ 手の甲. 손등.

* 粒：(낱)알.

* はにかむ：부끄러워하다. 수줍어하다.
  ＝ 恥ずかしがる.

▶ はにかみや. 부끄럼 잘타는 사람. ＝ 恥ずかしがり屋.
▶ やかまし屋. 잔소리꾼.

* 色付く：물이 들다.

* 大理石：대리석.

10

くもの糸
― 芥川竜之介 ―

芥川竜之介：明治25年(1892)東京に生まれ、昭和2年(1927)に自殺した作家で、その作風は外国作家の影響もあったが、森鴎外(1862-1922)や夏目漱石(1867-1923)の感化が強い。日本の古典やキリシタン文学などの未開拓の方面に素材を発見し、それを近代的な立場からとりあげていき、大正期の代表的短編小説家となった人である。この「くもの糸」は彼の最初に書いた童話で、27歳の作品であり、当時の児童文学雑誌「赤い鳥」に大正7年に掲載されたものである。

一

　ある日のことでございます。おしゃか様は極楽のはす池のふちを、ひとりでぶらぶらとお歩きになっていらっしゃいました。池の中に咲いているはすの花は、みんな玉のようにまっ白で、そのまん中にある金色のずいからは、なんともいえないいいにおいが、絶え間なくあたりへあふれております。極楽はちょうど朝なのでございましょう。

やがておしゃか様はその池のふちにおたたずみになって、水の面をおおっているはすの葉の間から、ふと下の様子をごらんになりました。この極楽のはす池の下は、ちょうど地獄の底に当たっておりますから、水晶のような水をすきとおして、三途の川や針の山のけしきが、ちょうどのぞきめがねを見るように、はっきりと見えるのでございます。

　するとその地獄の底に、カンダタという男がひとり、ほかの罪人といっしょにうごめいている姿が、お目にとまりました。このカンダタという男は、人を殺したり家に火をつけたり、いろいろ悪事を働いた大どろぼうでございますが、それでもたった一つ、いいことをいたした覚えがございます。と申しますのは、ある時この男が深い林の中を通りますと、小さなくもが一匹、道ばたをはって行くのが見えました。そこでカンダタはさっそく足を上げて、ふみ殺そうといたしましたが、「いや、いや、これも小さいながら、命のあるものにちがいない。その命をむやみにとるということは、いくらなんでもかわいそうだ。」と、こう急に思い返して、とうとうそのくもを殺さずに助けてやったからでございます。

　おしゃか様は地獄の様子をごらんになりながら、このカンダタにはくもを助けたことがあるのをお思いだしになりました。そうしてそれだけのいいことをした報には、できるなら、この男を地獄から救い出してやろうとお考えになりました。さいわい、そばを見ますと、ひすいのような色をしたはすの葉の上に、極楽のくもが一匹、美しい銀色の糸をかけております。おしゃか様はそのくもの糸をそっとお手にお取りになって、玉のような白はすの間から、はるか下にある地獄の底へ、まっすぐにそれをおおろしなさいました。

二

　こちらは地獄の底の血の池で、ほかの罪人といっしょに、浮いたり沈んだりしていたカンダタでございます。なにしろどちらを見ても、まっ暗で、たまにその暗やみからぼんやり浮き上がっているものがあると思いますと、それは恐ろしい針の山の針が光るのでございますから、その心細さといったらございません。その上あたりは墓の中のようにしんと静まりかえって、たまに聞こえるものといっては、ただ罪人がつくかすかなため息ばかりでございます。これはここへ落ちてくるほどの人間は、もうさまざまな地獄の責苦に疲れはてて、泣き声を出す力さえなくなっているのでございましょう。ですからさすが大どろぼうのカンダタも、やはり血の池の血にむせびながら、まるで死にかかったかえるのように、ただもがいてばかりおりました。
　ところがある時のことでございます。なにげなくカンダタが頭を上げて、血の池の空をながめますと、そのひっそりとしたやみの中を、遠い遠い天上から銀色のくもの糸が、まるで人目にかかるのを恐れるように、一すじ細く光りながら、するすると自分の上へたれてまいるのではございませんか。カンダタはこれを見ると、思わず手を打って喜びました。この糸にすがりついて、どこ

までも上って行けば、きっと地獄からぬけ出せるのに相違ござい
ません。いや、うまく行くと、極楽へはいることさえできましょ
う。そうすれば、もう針の山へ追い上げられることもなくなれ
ば、血の池に沈められることもあるはずはございません。

　こう思いましたからカンダタは、さっそくそのくもの糸を両手
でしっかりとつかみながら、いっしょうけんめいに上へ上へとた
ぐり上りはじめました。もとより大どろぼうのことでございます
から、こういうことには昔からなれきっているのでございます。

　しかし地獄と極楽との間は、何万里となくございますから、い
くらあせってみたところで、容易に上へは出られません。ややし
ばらく上るうちに、とうとうカンダタもくたびれて、もう一たぐ
りも上の方へは上れなくなってしまいました。そこでしかたがご
ざいませんから、まず一休み休むつもりで、糸の中途にぶら下が
りながら、はるかに目の下を見おろしました。

　すると、いっしょうけんめいに上ったかいがあって、さっきま
で自分がいた血の池は、今ではもうやみの底にいつのまにかかく
れております。それからあのぼんやり光っている恐ろしい針の山
も、足の下になってしまいました。このぶんで上っていけば、地
獄からぬけ出すのも、存外わけがないかもしれません。カンダタ
は両手をくもの糸にからみながら、ここへ来てから何年にも出し

たことのない声で、「しめた。しめた。」と笑いました。ところがふと気がつきますと、くもの糸の下の方には、数限りもない罪人たちが、自分の上ったあとをつけて、まるでありの行列のように、やはり上へ上へ一心によじ上ってくるではございませんか。カンダタはこれを見ると、驚いたのと恐ろしいのとで、しばらくはただ、ばかのように大きな口をあいたまま、目ばかり動かしておりました。自分ひとりでさえ切れそうな、この細いくもの糸が、どうしてあれだけの人数の重みにたえることができましょう。もし万一途中で切れたといたしましたら、せっかくここへまで上ってきたこのかんじんな自分までも、もとの地獄へさか落としに落ちてしまわなければなりません。そんなことがあったら、たいへんでございます。が、そういううちにも、罪人たちは何百となく何千となく、まっ暗な血の池の底から、うようよとはい上がって、細く光っているくもの糸を、一列になりながら、せっせと上ってまいります。今のうちにどうかしなければ、糸はまん中から二つに切れて、落ちてしまうのにちがいありません。

　そこでカンダタは大きな声を出して、「こら、罪人ども。このくもの糸はおれのものだぞ。おまえたちはいったいだれにきいて、上ってきた。おりろ。おりろ。」とわめきました。
　そのとたんでございます。今まで何ともなかったくもの糸が、急にカンダタのぶら下がっている所から、ぷつりと音をたてて切れました。ですから、カンダタもたまりません。あっと言う間もなく風を切って、こまのようにくるくる回りながら、みるみるうちにやみの底へ、まっさかさまに落ちてしまいました。
　あとにはただ極楽のくもの糸が、きらきらと細く光りながら、月も星もない空の中途に、短くたれているばかりでございます。

三

　おしゃか様は極楽のはす池のふちに立って、この一部始終をじっと見ていらっしゃいましたが、やがてカンダタが血の池の底へ石のように沈んでしまいますと、悲しそうなお顔をなさりながら、またぶらぶらお歩きになりはじめました。自分ばかり地獄からぬけ出そうとする、カンダタの無慈悲な心が、そうしてその心相当な罰をうけて、もとの地獄へ落ちてしまったのが、おしゃか様のお目から見ると、あさましくおぼしめされたのでございましょう。

　しかし極楽のはす池のはすは、少しもそんなことにはとんじゃくいたしません。その玉のような白い花は、おしゃか様のおみ足のまわりに、ゆらゆらうてなを動かして、そのまん中にある金色のずいからは、なんともいえないいいにおいが、絶え間なくあたりへあふれております。極楽ももうひるに近くなったのでございましょう。

10 해설

* ～でございます : ～이옵니다. 「ござる」→ 「いる」 「ある」의 공손한 말씨.

▶ 「～でござる(～でございます)」→ 「～である(～であります)」의 공손한 표현.

* お釈迦様(しゃかさま) : 부처님.

* 極楽(ごくらく) : 극락.

* 蓮池(はすいけ) : 연못.

▶ 蓮 : 연(꽃). 「はちす」라고도 함.

* 縁 : ① 縁(ふち) : 가(장자리). 테(두리).
  ☞ 眼鏡の～. 안경테. 川の～. 강가. 냇가.
  ② 縁(えん) : ⓐ 가장자리. ⓑ 툇마루. ⓒ 인연.
  ☞ 夫婦(ふうふ)の～. 부부의 인연. 内縁(ないえん)の妻(つま).

▶ 外縁(がいえん). 외연.
▶ 縁側(えんがわ). 툇마루.

내연의 처.

* 一人(ひとり)・独(ひと)り : 한 사람. 혼자.

* お歩きになっていらっしゃいました : 걸으시고 계셨습니다(걷고 계셨습니다).
  → 接頭語「お」＋ 動詞「歩く」의 連用形「歩き」＋「になる」(여기까지 動詞「歩く」의 존경 표현). 여기에 接続助詞「て」＋「来る」,「行く」,「いる」의 尊敬語「いらっしゃる」＋ 助動詞「ます」의 과거「ました」의 결합 형태.

* 金色(きんいろ) : (황)금빛.「きんしょく」・「こんじき」라고도 함(한문투의 말씨).

  ▶ 金色世界(こんじきせかい). 극락정토.

* 蕊(ずい) : 꽃술.「しべ」라고도 함.

  ▶ 雄蕊(おしべ). 수술. 雌蕊(めしべ). 암술.

* 匂(にお)い : 향기. 향내. ＝ 香(かお)り.

  ▶ 臭(にお)い. (나쁜) 냄새. → p.101.

* 絶(た)え間(ま) : 끊어진 사이. 짬. 틈새.
  ☞ ～ない. 끊임없다.

* 溢(あふ)れる : 넘치다.

* 佇(たたず)む : 잠시 멈춰 서다.

* 水(みず)の面(おもて) : 물의 표면.「水(みず)の面(めん)・水(みず)の面(おも)・水面(みなも)

・水面(すいめん)」이라고도 함.

* 覆(おお)う : 덮다.

* 地獄(じごく) : 지옥.

* 底(そこ) : ① 밑. 바닥. ② 속.

▶ ~力(ぢから). 저력.

* 水晶(すいしょう) : 수정.

* 透(す)き通(とお)す : 빛이 사물을 투과하다. 틈새가 나서 속이나 맞은쪽에 있는 사물이 보이도록 하다.

* 三途(さんず)の川(かわ) : 삼도천.

   ※ 죽은 사람이 7일째에 건넌다고 하는 저승으로 가는 도중에 있는 내. 내에는 속도가 다른 3개의 여울이 있고, 생전의 業에 따라 건너는 장소가 다르다고 함. 냇가에는 늙은 남녀 두 도깨비가 있으며 죽은 사람의 옷을 빼앗는다고 함. 「三瀬川(みつせがわ)」라고도 함.

* 針(はり)の山(やま) : 바늘 산.

   ※ 지옥에 있다는 바늘을 가득 심어놓은 산. 죄인 등을 몰아넣고 고통을 받게 한다고 함.

* 景色(けしき) : 경치. 풍경.

* 覗き眼鏡(のぞきめがね) : 요지경. = 覗き機関(からくり).

* 蠢く(うごめく) : 꿈틀거리다. 준동(蠢動)하다.

* 目に止まる : 눈에 띄다.　　　　　　▶ 耳に止まる : 귀에 들어오다(들리다).

* 火を付ける : 불을 지르다(피우다・켜다).

* 悪事(あくじ) : 악행. 못된 짓.

* 働く(はたらく) : ① 일을 하다. ② 작용하다.
  ③ (文法에서) 活用하다. ④ 나쁜 짓을 하다.
  ☞ 悪事を～. 못된 짓을 하다. 盗(ぬす)みを～. 도둑질을 하다.

* 大泥棒(おおどろぼう) : 대도적.

* 覚え(おぼえ) : ① 기억. ② 自信. ③ 신임.

* と申(もう)しますのは : (앞말의 반복을 피하며 이 　▶ と言うのは.
  야기를 계속할 경우에 쓰이는 어법) ～라고
  말씀드리는 것은 → 그렇게 말씀드리는 것
  은. 그렇게 말씀드릴 수 있는 것은. 뒤의
  「～からでございます(～이기 때문입니다)」와

호응.

* 道端(みちばた) : 길가. 길의 주변.

* 這(は)う : ① 기다. ② 붙어서 뻗어 가다.

* 早速(さっそく) : 즉시. = すぐ(さま).

* 踏(ふ)み殺(ころ)す : 밟아 죽이다.

* 小さいながら : 작지만. 작기는 하지만.
  → 「~ながら」 : (形容詞의 連体形에 붙어서) ~(하)지만.

* ~にちがいない : (~임)에 틀림없다. (~이) 확실하다.

* 無暗(むやみ)に(無闇(むやみ)に): 함부로. 무턱대고. 터무니없이.

* 命(いのち)を取(と)る : 목숨을 빼앗다.

* いくら何(なん)でも : 아무리 뭐라도.

* 思(おも)い返(かえ)す : ① 고쳐 생각하다. ② 회상하다.

* 到頭(とうとう) : 마침내. 드디어. 결국.

* 報(むく)い : 보답. 과보. 응보. 보수. 「酬(むく)い」라고도 씀.

* 幸い：① 【副】 다행히. ② 【名】 다행. 행복.

  = 幸せ.

* 側(傍)：곁. 옆.

* 翡翠：① 비취(옥).

  ② 물총새. = 翡翠・川蟬.

* 銀色：은빛.「ぎんしょく」라고도 함.

* そっと：살짝. 가만히.

* 白蓮：백련(白蓮).

* 遥か：① (매우 먼 모양) 아득히. ② (몹시 차이가 나는 모양) 훨씬. 매우.

* 血の池：혈지(血池).

  ※ 지옥에 있다는 피가 괸 연못. 생전에 악한 일을 한 사람이 빠져 고통을 당한다고 함. 원래 인도에서는 농혈지(膿血池)였으나 이것이 중국의 경우 오혈지(汚血池)로 바뀌고, 일본의 경우 室町時代부터 혈지(血池)가 됨.

* 浮く：뜨다. ↔ 沈む.

* 何しろ：어쨌든. 여하튼. = とにかく.

* 真っ暗(まっくら) : 아주 캄캄함. 암흑.

* 暗闇(くらやみ) : 어둠.

* ぼんやり : 어렴풋이. 아련히.

* 心細い(こころぼそい) : 불안하다. 어쩐지 마음이 안 놓이다. 허수하다.

* といったらございません : 「といったら」→ ~라니. 「~ったらない」→ (예사 정도 이상임을 나타내는 말) ~기 짝이 없다.
  ☞ おもしろいったらない. 재미있기 짝이 없다. 心細さといったらございません. 불안하기(라니) 짝이 없습니다.

* しんと : (소리 하나 없이 매우 조용한 모양) 으슥히. 잠잠.

* 静(しず)まり返(かえ)る : 아주 조용[고요]해지다.

* 微(かす)か(幽(かす)か) : 희미함. 미미함. 살짝.

* 溜息(ためいき) : 한숨. ☞ ~をつく. 한숨을 쉬다.

* 様々(さまざま) : 여러 가지. 가지각색.

* 責苦(せめく) : 고통. 모진 고문.

* 疲れはてる : 극도로 (피곤하여) 지쳐 버리다. 지쳐서 녹초가 되어 버리다. → 「～はてる」 : (動詞의 連用形에 붙어서) 완전히 (극도로)～하다.

* 泣き声 : ① 울음 섞인 소리. = 涙声.
  ② 울음소리. 우는소리.
  ☞ ～を出す. 우는 소리를 내다.

  ▶ 鳴き声.
  (새·벌레·짐승 따위의) 울음소리.

* 噎ぶ(咽ぶ) : ① 목이 메다. = 噎せる.
  ② 목메어[흐느껴] 울다.

* 死にかかる : (막) 죽어 가다. → 「～かかる」 : (動詞의 連用形에 붙어서) 막(마침) ～하다.

* 蛙 : 개구리. 「かわず」라고도 함.
  ☞ ～の子は～. 개구리 새끼는 개구리(父傳子傳. 그 아비에 그 자식). = お玉杓子は～の子. 올챙이는 개구리의 새끼.

* 踠く : 바르작거리다. 발버둥치다.

* 何気ない : (마음이) 아무렇지도 않다. 무심하다.

くもの糸 159

* 眺める : 바라보다. 전망[조망]하다.

* ひっそり : (쥐죽은 듯이 조용한 모양) 조용히. 고요히.

* 天上 : 천상. 하늘.

* 人目 : 남의 눈.

* 恐れる(怖れる·畏れる) : ① 두려워하다. 겁내다. 무서워하다. ② 걱정하다. 우려하다. ③ 敬畏하다.

* 一筋 : ① 한 줄기. ② 한결같음. 외곬.

* するする : (미끄러지는 모양) 스르르. 쭈르르.

* 垂れる : 드리워지다. 늘어지다.

* 参る : 「行く」, 「来る」의 공손한 말. → p.99.

* 思わず : 【副】 엉겁결에. 무의식중에.

* 手を打つ : ① 손뼉을 치다. ② (동의한 표시로) 박수를 치다. 타협하다. ③ 손을(수를) 쓰다.

* 縋り付く：매달리다. 달라붙다.

* 抜け出せる：「抜け出す(빠져 나가다. 살짝 도망치다)」의 可能動詞.

* 相違：상위. 다름. 틀림.
  ☞ ～に相違ない. ～에 틀림없다.

* 旨く：【副】목적한 대로. 멋들어지게. 솜씨 좋게. 잘. ☞ ～行く. 일이 잘되다.

* 追い上げる：쫓아가서 위쪽으로 가게 하다.

* こともなくなれば、血の池に沈められることも：「～も～ば～も」의 用法. → p.87. p.102.

* 確り：① (견고한 모양) 단단히. 꼭. 꽉.
  ② (마음을 다잡는 모양) 똑똑히. 정신 차려서.
  ③ (생각 따위가 견실한 모양) 확고히.

* 掴む：쥐다. 붙잡다.

* 手繰る：① (양손으로 번갈아) 끌어당기다.
  ② 더듬어 찾다.

* 元(本・素・固)より：【副】처음부터. 원래.

본다.

* 慣れきる : 완전히 익숙해지다.

▶ ① 慣れる.
　　익숙해지다.
② 馴れる.
　　친숙해지다.
③ 熟れる. 알맞은
　　상태가 되다.
④ 狃れる.
　　버릇없다.

* 何万里となく : 몇 만 리(정도의 거리)도 아니고.

* 焦る : 안달하다. 초조하게 굴다. = 苛立つ.

▶ 褪せる. (색깔이) 바래다.

* 容易 : 용이(함). 손쉬움.

▶ 用意. 용의. 준비.

* くたびれる : (몹시) 지치다.

* 一休み : 잠깐 쉼. ☞ ~をする. 잠깐 쉬다.

* 中途 : 중도.

▶ 中途半端. 중도무이 (끝마치지 못하고 중간에서 흐지부지 그만둠).
☞ ~な態度. 이도 저도 아닌 (어중간한) 태도.

* ぶら下がる : 축 늘어지다. 매달리다.

* 甲斐(かい) : 보람. 효과. 「効(かい)」라고도 씀.
  ☞ ～がない. 보람이 없다.

* いつの間(ま)にか : 어느덧. 어느새.

* 隠(かく)れる : 숨다.　　　　　　　　　▶ 隠(かく)れん坊(ぼう). 숨바꼭질.

* この分(ぶん) : 이 상태. 이 모양.

* 存外(ぞんがい) : 【副】 의외. 예상외로.

* 訳(わけ)ない : 간단하다. 수월하다. 대수롭지 않다. 문제 없다.

* 絡(から)む : 휘감기다. 얽히다.

* しめた : (자기 뜻대로 되어 기쁠 때 하는 말) 됐다. →「占める」+「た」에서 온 말.
  ▶ しまった. (실패하여 속상할 때 내는 말) 아차. 아뿔싸. 큰일 났다.

* ふと : 문득. 우연히. 뜻밖에.

* 気(き)が付(つ)く : 정신이 들다. 생각이 나다.
  ▶ 気(き)を付(つ)ける. 정신차리다. 주의(조심)하다.

* 限(かぎ)りない : 무한하다. 한(끝)없다.

* 罪人(ざいにん) : 죄인.

* 跡(あと)をつける : 뒤를 쫓다[밟다]. 미행하다.

くもの糸　163

* 行列(ぎょうれつ) : 행렬.

* 一心(いっしん) : ① 일심. ② 한 가지 일에 전념함.　　▶ ~同体(どうたい). 일심동체.
  ☞ ~に勉強(べんきょう)する. 열심히 공부하다.

* 攀(よ)じ登(のぼ)る : 기어오르다.

* 驚(おどろ)いたのと恐(おそ)ろしいのとで : 놀랍기도 하고　　▶ 「と」는 열거를
  무섭기도 (하고) 해서. → 「の」는 사물을 늘　　　나타내는 格助詞.
  어놓을 때 쓰는 格助詞.
  ☞ 死ぬ~生きる~と. 죽느니 사느니 하고.

* 口(くち)を開(あ)く : 입을 벌리다. → 開く : 【自・他】
  열리다, 열다.
  ☞ 開いた口が塞(ふさ)がらない. 벌린 입이 닫히지
  않다(기가 막히다).

* 人数(にんず) : ① 인원수. ② 많은 사람. = 大勢(おおぜい).　　▶ 「人数(にんずう)」라고도 씀.

* 耐(た)える : 견디다. 버티다. 참다. 「堪(た)える」라　　▶ 絶える. 끊어지다.
  고도 씀.

* 万一(まんいち) : 만일. 만에 하나. 만약.

* 途中(とちゅう) : 도중. ☞ ~でやめる. 도중에 그만두다.

* 折角(せっかく) : ① 【副】애써. 일부러. 모처럼. ② 【名】모처럼임. ☞ ~の休日(きゅうじつ). 모처럼의 휴일.

* 肝腎(かんじん) : (가장) 긴요(중요)함.「肝心(かんじん)」으로도 씀.

* 逆落(さかお)とし : 거꾸로 떨어뜨림.

* うようよ : (작은 벌레 따위가 많이 모여 움직이는 모양) 우글우글.
  ☞ 蛆(うじ)が~している. 구더기가 우글거리고 있다.

* 這(は)い上(あ)がる : 기어오르다.

* 一列(いちれつ) : 일렬.

* せっせと : 열심히. 부지런히.

* こら : ① (상대를 나무랄 때 쓰는 말) 이놈아. 이 자식아. ② (놀랄 때 쓰는 말) 이거 참. 어렵쇼.

* 一体(いったい) : ① 【副】ⓐ 도대체. ⓑ 대체로. ② 【名】일체.

* 聞(き)く : ① 묻다. = 問(と)う. 尋(たず)ねる. ② 듣다.

* 喚く : 아우성치다. 큰 소리로 외치다. ▶ 泣き~. 울부짖다.

* 途端 : 찰나. 막[바로] 그 순간.

* 何ともない : 별일 없다.

* 音を立てる : 소리를 내다.

* 堪る : 참다. 견디다. ▶ 堪らない. 참을[견딜 ・배길] 수 없다.

* あっと言う間もなく : 눈 깜짝할 사이도 없이. ▶ あっと言う間に. 눈 깜짝할 사이에.

* 風を切る : ① 바람을 가르다.
  ② (바람을 헤치고) 나아가다.

* 独楽 : 팽이. ▶ ① 駒. ⓐ 망아지. 말.
  ⓑ (장기의) 말.
  ② 高麗. 고려. 「こうらい」라고도 함. →p.100.

* くるくる : ① 뱅뱅. 뱅글뱅글. ② 둘둘. 친친.
  ③ 바지런히.

* 見る見る : 보고 있는 동안에. 순식간에.
  = 見る見るうち.

* 真っ逆様 : 완전히 거꾸로 됨.

☞ ～に落ちる. 거꾸로 떨어지다.

* きらきら : 반짝반짝.

* 一部始終 : 자초지종.

* じっと : 물끄러미. 꼼짝 않고. 가만히.

* 無慈悲 : 무자비.

* 相当 : ①【名】상당. 알맞음. ☞ 国賓～の 待遇. 국빈에 알맞은 대우.

  ②【形動】상당(함). ☞ ～な家庭. (사회적 지위 따위가) 상당한 집안.

  ③【副】상당히. ☞ ～(に)苦しい. 상당히 괴롭다.

* 罰 : 벌. 「ばち」라고도 함.

* 浅ましい : ① 한심스럽다. 딱하다. ② 비열하다. 야비하다. ③ 비참하다.

* 思し召す : 생각하시다. 「思う」의 존경어.

* 頓着 : 개의(介意). 괘념(掛念). 신경을 씀. 「とんちゃく」라고도 함.

* 御御足(おみあし) : 남의 발의 높임말.

    ※「御御(おみ)」는 존경·정중의 接頭語로서「大御(おおみ)」의 축약된 형태.「御御御付(おみおつけ)(味噌汁(みそしる)<된장국>의 정중한 표현)」처럼「御」가 3개나 있는 경우도 있다.

* ゆらゆら : (가볍게 흔들리는 모양) 한들한들. 흔들흔들. 하늘하늘.

* 台(うてな) : ① 물건을 올려놓는 대. = 萼(がく). 악. 꽃받침. ② 높은 전각(殿閣). ▶ 蓮の~. 연대(蓮台).

* 何(なん)とも言(い)えない : 무엇이라 말할 수 없다.

11

山と旅 －山路のすみれ－

－ 荻原井泉水 －

荻原井泉水（1884-1976）：俳人。本名は藤吉。東京生まれ。東大卒。俳誌『層雲』を創刊。季題無用の新傾向句を提唱。印象的・象徴的な自由律の句を作る。句集 『湧出るもの』。俳論に 『旅人芭蕉』 などがある。

　芭蕉の旅の空は、いつしかうらゝかな春になっていました。何日にどこへ行かなくてはならぬということはなく、たとえば、水が静かに流れていくように、あるいは雲がふわふわと移っていくように、しぜんと足の向かう方に動いていくというのが芭蕉の旅なのです。冬から春へ自然が移るように、自分も移っていくというのが芭蕉の旅なのです。私情というものを捨てて、自然の大きな力にすっかり自分を任せきった気持なのです。

　芭蕉は、前年の秋にはじめて旅立ちしたころの気持を考えだしました。

　あのときは、故郷へ帰るだけの旅でさえも、自分のような病気

がちの者には、はたしてしおゝせるであろうか、途中でうち倒れるのではあるまいか、と心配をした。だが、すべては運命に任せよう、天意のあるがまゝに従ったら、という気持になって………それでも、かなり英断をもって出発したのでした。

さて、旅に出てみると、健康は案ずるほどのこともなかった。一日一日歩くという運動が、からだのためにたいそうよろしかった点もあろうし、また、大きな自然のふところに自分の身を託しているという気持が、精神的の安らかさをも感じさせたのでした。芭蕉は、このままにいつまでも旅をしていたら、さぞよい気持であろうと思うほどにさえなっていました。

またも伊賀(いが)から─大和(やまと)へ─近江(おうみ)へ─芭蕉は、春風に吹き送られるように、春がすみに誘われるように歩いているのでした。

世間に名の聞こえた著名な人になろう、家の名を輝かすほどの名誉を得よう、というような目的をもって努力するという気持からは、いまの芭蕉は、もう離れてしまっていました。たゞ、真純の人間になろう、偽りのない、まことの道を歩こう、自然の心を心として生きていこう、その心から自分の文学を作りあげよう、その文学を人々の心に伝えひろめよう、というだけの一念でした。しかしそういうふうに、芭蕉が、自分をことさら偉いものに見せまいとすればするほど、芭蕉の偉いことが世の中に知れてき

ました。芭蕉が有名になりたくないと思えば思うほど、世間では、芭蕉を尊敬するようになりました。

芭蕉の旅は、もう半年以上になっていました。江戸のお弟子たちからは、

「いつお帰りになるのですか。私たちのことをお忘れにならぬように願います。おるすのいおりの芭蕉が、また芽をふくのも遠いことではありますまい。」

などというたよりがとゞいているのでした。

あゝ、そうだ。そろそろ東の方に足を向けることとしよう。名古屋の人たちも、帰り道にはまた寄ってくれと言うていたし、江戸の人たちが待っている気持もわかる。芭蕉は、京都から東海道を下りはじめました。大津まで出る道に逢坂山という峠があります。ちょうど、昼ごろにもなったので、芭蕉は道ばたの草の上に腰をおろして、ほっと息をつきました。春の太陽は、かさを脱ぎとった肩の上から、背から、投げ出した足の先まで、じっくりと包むように照らしてくれるのです。ほかほかと、ぬくぬくと。あゝ、ありがたい。こういうふうに、自分は自然の大きな慈悲の力の中にはぐくまれているのだ。自分がそれを意識しているときも、意識していないときも、同じように太陽は自分を見守ってい

てくれる。仏の慈悲は、悪人でも善人でも同じように救いの手をのべてくださるというが、自然の光がすなわち仏の御徳そのものだともいえるのではないか。

　芭蕉は、心のうちで、手を合わせたいような気がしてきました。と、足を投げ出しているその足の先を見ると、枯れ枯れの草

の中から、小さな花が一つ咲いていました。おゝ、すみれだ。なんというかれんな花だろう。こんな山の中に咲いていて、見る人とてはないであろう。だが、すみれは人に見られようがために咲くのではない。大地もまた春になったことを、その土が自然に微笑した、その微笑こそこのすみれの花なのではないか。

　それはいかにも小さな花だけれども、せいいっぱいに開いてい

るのです。そして小さな花全体に太陽の光を受けて生き生きとしているのです。

　このすみれの花の真純さ、この茎のすなおさ、なにを求めるというのではなく、ただただ大自然の光を賛嘆しているこの草の姿。これこそ、この地上に生きるものの正しい姿なのではないか。

　そう芭蕉は感じたのでした。そうしてそのとき、芭蕉は、ふところの紙に次の一句を書いたのでした。

　山路来てなにやらゆかしすみれ草

11　해설

* 松尾芭蕉(1644-1694)：江戸前期の俳人。別号桃青・風羅坊。1684年初めて旅に出て、風雲の中に真の詩境を発見し、閑寂の美を重んじた独自の俳風「蕉風」を開いた。『奥の細道』等。
* 山路：산길.
* 菫：제비꽃.
* 旅の空：① 여행길. 여로(旅路). ② 객지에서 바라보는 하늘. ③ 객지.
* いつしか：어느덧. 어느 사이에. = いつか・いつの間にか.

* 麗らか : ① 화창한 모양. = うらら・うらうら. ② 명랑한 모양.

* 何日 : 며칠.

* ふわふわ : ① 둥실둥실. 둥둥. ② 푹신푹신.

* 自然 : 자연.　　　　　　▶ ～と. 자연(히). 저절로.

* 私情 : 사적[개인] 감정. 이기적 감정.

* すっかり : 죄다. 모두. 완전히. 몽땅.

* 任せきる : 완전히 맡기다.

* 前年 : 전년. 지난해. 작년.

* 旅立ち : 여행길에 오름.

* 故郷 : 고향. 「ふるさと」라고도 함. ▶ 古里・故郷・故里.

* 病気勝ち : 병이 잦음. 「～勝ち」→ (体言 따위에 붙어서) 그러한 경향이 많음을 나타냄.
　☞ 曇り～の天気. 흐린 날이 많은 날씨.

* 為おおせる : 완수하다. 끝내다. = 為遂

げる・成し遂げる・為し遂げる.

* 天意 : 천의. 하늘의 뜻.

　☞ ～に従う. 천의에 따르다.

* 有るが儘 : 있는 그대로(임). 실제대로.

　= 有りの儘.

* 英断 : 영단.

* 案ずる : ① 걱정하다. 근심하다. ② 안출하다. 생각해내다. = 案じる. → 「案ずる」는 サ変動詞. 「案じる」는 上一段動詞.

* 懐 : ① 품. ② 호주머니(에 가지고 있는 돈). → p.85.

* 託す : ① 맡기다. 부탁하다. ② 빙자하다. 핑계대다. ③ (어떤 형식을 빌어) 나타내다. = 託する. → 「託す」는 五段動詞. 「託する」는 サ変動詞.

▶「托す」・「托する」라고도 씀.

* 安らか : 편안. 평화. 안온.

* さぞ : (뒤에 推量의 표현을 수반하여) 추측건대. 필시. = さだめし・さぞかし.

* またも : 다시금. 또다시. = またもや・またまた.

* 伊賀(いが) : 지금의 三重県(みえ)의 서부.

* 大和(やまと) : 지금의 奈良県(なら).

* 近江(おうみ) : 지금의 滋賀県(しが).

* 春風(しゅんぷう) : 춘풍. 「はるかぜ」라고도 함.

* 春霞(はるがすみ) : 봄 안개.

  ※ 「霞(かすみ)」는 봄, 「霧(きり)」는 가을의 안개를 나타냄.

▶ 「아지랑이」는 「陽炎(かげろう)」. 同音의 「蜉蝣(かげろう)」는 잠자리. 하루살이.

* 誘(さそ)う : ① 권(유)하다. 유혹하다. ② 부르다. 불러내다. ③ 자아내다.

* 世間(せけん) : 세간. 세상. 사회.

* 聞(き)こえる : ① 세상에 알려져 있다. 이름나다. ② 들리다. ③ 이해하다.

* 著名(ちょめい) : 저명. 유명.

* 輝(かがや)かす : 빛내다.「耀かす」로도 씀.

* 名誉(めいよ) : 명예.

* 真純(しんじゅん) : 진순. 순진. 있는 그대로의 순수함.

* 偽(いつわ)り : 거짓(말). = 嘘.「詐り」로도 씀.

* 真(まこと)[実·誠] : 진실. 사실. 진심. 성의. ▶ ま(真) + こと(事·言)의 뜻.

* 作(つく)り上(あ)げる : ① 완성시키다. 다 만들다. ② (거짓으로) 꾸며 내다. 날조[조작]하다.「造(つく)り上(あ)げる」로도 씀.

* 広(ひろ)める : 넓히다. 널리 퍼지게 하다.「弘(ひろ)める」로도 씀.

* 殊更(ことさら) : ① 일부러. 고의로. ② 특별히. 새삼스러이.

* 知(し)れる : 알려지다. 아는 바가 되다.

* 留守(るす) : ① 부재중.
  ② 집을 지킴. 또 그 사람. = ~番(ばん).

* 庵(いおり) : 암자. 초암. 「いお」라고도 함.
  ☞ ～を結(むす)ぶ. 초막을 짓다.

* 芽(め) : 싹. ☞ ～を噴(ふ)く. 싹[움]이 트다.

* 便(たよ)り : ① 소식. 편지. ☞ ～を寄越(よこ)す. 소식을 보내다. ② 연줄. 연고.
  ▶ 頼(たよ)り. 의지. 또 그러한 사람이나 물건.

* 届(とど)く : (보낸 것, 뻗친 것이) 닿다. 미치다. (도)달하다.

* 名古屋(なごや) : 愛知(あいち)県 서부의 도시.

* 寄(よ)る : ① 들르다. ② 접근하다. ③ (생각이) 미치다. ☞ 思(おも)いも～らない出来事(できごと). 생각지도 않던[뜻밖의] 사건. ④ 많아지다. ☞ 年(とし)が～. 나이가 들다.

* 言うて : 「う」는 動詞 「言う」의 ウ音便. 「言って」와 같은 의미임.

* 東海道(とうかいどう) : 東京에서 京都까지의 해안선을 따라 나있는 街道.
  ▶ ～五十三次(ごじゅうさんつぎ). 江戸時代 東海道의 駅站 53곳의 명칭.

* 大津(おおつ) : 滋賀県의 도시. 현청 소재지.

* 逢坂山(おうさかやま) : 京都市 南東部 山科区(やましな)와 滋賀県 大津市 사이에 있는 산. 해발 325m. 逢坂関(おうさかのせき)는 歌枕(うたまくら)(和歌의 소재가 된 각처의 명승지)로 유명함.

* 峠(とうげ) : ① 고개. 산마루. ② 절정기. 고비.

* 腰(こし)を下(お)ろす : 앉다.

  ▶ 腰を抜(ぬ)かす. 기겁을 하다. 깜짝 놀라다.

* 息(いき) : 숨. 호흡. 숨소리.

  ☞ ほっと~をつく. 후유하고 숨을 돌리다. 후유하고 한숨 쉬다.

* 笠(かさ) : ① 삿갓. = かぶりがさ.
  ② 갓 모양의 것.

  ▶ ① 傘(かさ). 우산. = さしがさ.
  ② 嵩(かさ). 부피. 분량.
  ③ 暈(かさ). 무리.
  ☞ 月に~がかかる. 달(에) 무리가 지다.
  ④ 瘡(かさ). 부스럼. 종기.

* 脱(ぬ)ぐ : 벗다.

* 投(な)げ出(だ)す : 쭉 뻗다. 내던지다. 팽개치다. 포기하다.

* じっくり : 차분히. 곰곰이.

* 包(つつ)む : 싸다. 포장하다. 둘러싸다.

* ほかほか : (따스한 모양) 따끈따끈. 후끈후끈. ☞ ~の肉饅頭(にくまんじゅう). 따끈따끈한 고기만두.
  ▶ 「ぽかぽか」보다 부드러운 느낌.

* ぬくぬく : (따뜻한 모양) 따끈따끈. ☞ ~の飯(めし). 따끈따끈한 밥.
  ▶ 「温(ぬく)い」의 어간에서 나온 말.

* 育(はぐく)む : 기르다. 양육하다. = 育(そだ)てる.

* 見守(みまも)る : 지켜보다.

* 悪人(あくにん) : 악인. 악한 = 悪者(わるもの). ↔ 善人(ぜんにん).

* 救(すく)い : 구원. 구(조)함. 구제.

* 延(の)べる : ① 펴다. 뻗치다. = 伸(の)ばす. ② 펴서 깔다. ③ 늦추다. 연기하다. 「伸(の)べる」로도 씀.
  ▶ 述(の)べる. ① 진술하다. ② 기술하다. 「陳(の)べる」로도 씀.

* 御徳(おんとく) : '덕'의 높임말.
  ▶ 「御」의 읽기 : 御幸(ぎょこう)・御幸(ごこう)・御幸(みゆき). 御蔭(おかげ). 御曹子(おんぞうし).
  → 古典에서는

* 手を合わせる : 합장하다. 두 손을 모으다.

* と :【副】① ふと(문득. 우연히. 뜻밖에).
② そう・そのように(그렇게. 그처럼).

* 枯(か)れ枯(が)れ : 초목이 거의 말라버린 상태. 바싹 마른 모양.

* 何(なん)という : 어쩌면(그토록. 이토록).

* 可憐(かれん) : ① 귀여움. 사랑스러움. ② 가련함. 애처로움.

* 見る人とてはない : 보는 사람이라 할 만한 것은 없다. 볼 사람은(도) 없다. 「とて」→ (위로는 体言, 아래로는 부정을 수반하여) ~(이)랄 것은. ~라 할 만한 것은.

* 見られようがために : 보여지려고 하기 위해. 보여지고 싶어서. 「が」→(소유・소속・원인 등을 나타내는 格助詞)의.

「おほん」(발음은 「おおん」)으로 표기되는 경우도 있음.

▶ 国を思う~ため. 나라를 생각하기 때문.
それ~ため. 그것 때문에.
わ~國. 우리나라.
わ~家(や). 내 집.
君(きみ)~代(よ). 일본 국가(國歌)의

명칭(「천황의 치세」라는 뜻).
梅~香. 매화 향기.
天~下. 천하.
ある~まま. 있는 그대로.

* 大地 : 대지.

* 微笑 : 미소.

* 如何にも : ① 자못. 정말이지. ② 어떻게든. 어떻게 해서라도. ③ 과연. 확실히.

* 精一杯 : 힘껏. 최대한으로. 고작.

* 開く :【自】열리다. 벌어지다. 피다.
    ☞ 花が~. 꽃이 피다.
    【他】열다. 펴다. ☞ 本を~. 책을 펴다.

* 生き生き : 생생한 모양. 생기가 넘치는 모양.

* 茎 : 줄기.

▶ 나무의 경우에는 「幹」라고 함.

* 素直 : 순직함. 순진함. 순수함.

* 賛嘆 : 찬탄.

* 地上 : 지상.

* 一句(いっく) : 한 귀. 한 수의 俳句(はいく).

* 山路来(やまぢき)てなにやらゆかしすみれ草(くさ) :《俳諧(はいかい)》
(산길을 걸어오다 보니 길가에 피어 있는 제비꽃이 문득 눈에 들어왔네. 보는 사람 하나 없는 산속 길가에 귀엽게 피어 있는 이 꽃을 보니 나의 마음은 무언가 깊은 정취와 함께 강하게 이끌리는 느낌이 들어 잠시 걸음을 멈추게 되었다네). 季語(きご) : すみれ(春).

▶ 山路来て : 산길을 걸어와.
なにやら : 무엇인지. 무엇인가.
ゆかし : 그윽하고 마음이 끌리다.

12

故事から生まれた言葉

今日日本人の間で、無意識に使われている言葉、つまり、すっかり日本語になりきっている言葉の中にも、実は中国の古書に由来し、その故事に典拠を持つものが非常に多い。
　故事などというと、何か堅苦しく、若い人には魅力のないものに思われがちであるが、決してそうではない。古来中国の書にはなかなかユーモラスな話が多い。ここにその二・三の例をあげよう。

一　矛盾

　「君の考えは矛盾している。」とか、「あの人のやることは矛盾だらけだ。」とか、よく言われる。この言葉は事のあとさきのそろわぬ意味に使われている。
　昔、楚の国の人が大道で矛と盾とを売りながら、「この矛は、ど

んな盾をも突き通す無類の切れ味です。また、この盾は、どんな

矛をも防ぐ天下一品の品です。」と自慢していた。

　それを聞いていたある人が「それでは、その矛でその盾を突いたらどういうことになるか。」と言ったので、その大道商人は返答に窮したという故事から生まれた言葉である。

　二　五十歩百歩

　少しの違いで、結局は同じことではないかというときに、「それは五十歩百歩だ。」と言う。「Aはこうだと言う。Bはそうではない。ああだと言うが、要するに五十歩百歩じゃないか。」などと使

われる。こうした使い方のほかに「目くそが鼻くそを笑う。」という意味にも使われている。

　この「五十歩百歩」は、孟子の言葉から始まっている。これは紀元前四世紀のころの話で、そのころ中国にあった国々は、互いに戦争ばかりしており、軍備のために重税を人民から取り立てたり、人民を兵隊に徴用したりしていた。そのために、政治は腐敗し、人民は辛苦をなめ、国王を恨んだ。そこで孟子は国々を巡り、「民を苦しめる政治をやめて、民を愛する道徳的な政治を行なうべきである。そうすれば軍備などは貧弱でも、国民が団結して良い国になる。」と説いた。そのとき梁の恵王が孟子に言った。
　「自分は先生の教えに従って、隣国の王より人民を愛しているが、私の国はあまり良くなっていないのはどうしたわけですか。」
と。
　すると孟子が、
　「王は戦争が好きだから、戦争の話でたとえましょう。戦争中、もしも、戦い利あらず、武器を捨てて退却という状況になったとき、ある者は五十歩でとどまり、ある者は百歩退いてとどまり、五十歩の者が、百歩の者を、ひきょう者よと侮ったとしたら、王はどうお考えになりますか。」と言った。

王は答えて「それは、五十歩でも百歩でも逃げたことに変わりはないさ。」

「それなら、王は政治がうまく行なわれていると言われるが、国が良くならないところをみると、隣国の王とあまり違いはないわけですね。」と孟子は言った。

三　蛇足

　よけいな付け足しをする、必要以上の説明を加えるという意味で、よく「蛇足を加える………」などと使われる蛇足も故事から出た言葉である。

　楚の国の人が、その召使を集めて酒を飲ませようとした。しかし、みんなに飲ませるほどたくさんあるわけではないので、蛇の絵を早くかきあげた者から先に飲ませることにした。召使のひとりが蛇の絵をかいてしまって、更にその蛇に足をかき足していた。そのうちに他の者が先にかいてしまい、その酒を飲んだ。無用のものを付け足していた者は、ついにその酒を飲むことができなくなったという。これから出た言葉である。

12 해설

* 故事(こじ) : 고사.

* 無意識(むいしき) : 무의식.

* すっかり : 아주. 모두. 죄다. 완전히.

* なりきる : 다 되다. 「~きる」→ (動詞의 連用形에 붙어서)
  ① 다 ~하다. ☞ 読み~. 다 읽다.
  ② ~하는 것을 그만두다. ☞ 思い~. 단념하다.
  ③ 완전히 ~하다. ☞ 弱(よわ)り~. 완전히 (쇠)약해지다. → p.132.

* 古書(こしょ) : ① 고서. ② 헌 책 = 古本(ふるほん).

▶ 孤児. 고아.
　誇示. 과시.

* 由来(ゆらい)：①【名】유래. ②【副】원래. 본디.

* 典拠(てんきょ)：전거. (확실한) 근거.

* 堅苦(かたくる)しい：너무 엄격[딱딱]하다.

* 魅力(みりょく)：매력.

* 思われがち：생각되기 쉬움. 「～勝(が)ち」→ (体言・動詞의 連用形따위에 붙어) 그러한 경향이 많음을 나타냄. → p.176.

* 古来(こらい)：【副】고래. 예로부터.

* 書(しょ)：① 글씨. 필적. ② 서류. 편지. ③ 책 ＝ 書(ふみ).

* 例(れい)をあげる：예를 들다. 「例を引(ひ)く」라고도 함.

* 矛盾(むじゅん)：모순. ☞ ～した話(はなし). 모순된 말.

* 矛盾だらけ：모순투성이. 「だらけ」→ (体言에 붙어) ～투성이. ☞ 借金(しゃっきん)～. 빚투성이.

* 後先(あとさき)：선후. 앞뒤. 전후.

故事から生まれた言葉　193

* 揃う : ① 갖추어지다.
   ☞ 本が揃っている. 책이 (欠巻 없이) 갖추어져 있다.
   ② (모두) 모이다.
   ③ 잘 어울리다.
   ④ 일치하다.

▶ 「~揃い」(体言에 붙어) 갖추어져 있음. 모두 모여 있음.
☞ 傑作~. 걸작만 모여 있음. 三つ~. (상・하의, 조끼의) 셋갖춤 양복.

* 楚 : 중국의 초나라.

* 大道 : ① 거리. 길가.
   ② 대도. 대로. 큰 길. 「おおみち」라고도 함.

▶ ~商人. 거리의 상인. 노점상인.

* 矛 : 쌍날칼을 꽂은 창과 비슷한 무기. 「鉾」・「戈」로도 씀.

* 盾 : 방패. 「楯」로도 씀.

▶ 縱 : 세로. 「竪」로도 씀. ↔ 橫. 가로.

* 突き通す : 꿰뚫다.

* 無類 : 무류. 비길 데 없음.

* 切れ味 : ① 칼 드는 맛(정도). ② 재능・솜씨의 날카로움. ☞ ~のいい投球. 날카로운 투구.

* 防ぐ：막다.「禦ぐ」로도 씀.

* 天下一品：천하일품.

* 品：① 물건. 물품. ② 품질.

* 自慢：자랑.

  ☞ ～高慢、馬鹿のうち. 바보의 자기 자랑(못난 놈일수록 잘난 체한다).

  ▶ 腕～. 솜씨 자랑.

* 商人：상인.「あきゅうど・あきんど・あきびと」라고도 함.

* 返答：대답. 회답. 답변.

  ☞ ～に窮する. 답변에 궁하다.

* 五十歩百歩：오십보백보.

* 結局：결국.

* 要するに：【副】요컨대. 결국. ＝ つまり.

* 目糞：눈곱. ＝ 目脂.「目屎」로도 씀.

  ☞ ～が鼻糞を笑う. 눈곱이 코딱지를 비웃다 (똥 묻은 개가 겨 묻은 개 나무란다).「鼻糞」

는 코딱지.

* 孟子 : 맹자.

* 紀元前 : 기원전.

* 軍備 : 군비.　　　　　　　▶ 軍費 : 군비.

* 重税 : 중세.

* 人民 : 인민. 국민.

* 取り立てる : ① 거두다. 징수하다. ☞ 税金を~. 세금을 징수하다. ② 특별히 내세우다. ③ 발탁하다.

* 徴用 : 징용.

* 腐敗 : 부패.

* 辛苦 : 신고. 쓰라린 고통(고생).

　☞ ~を嘗める. 신고를 맛보다.

* 巡る : ① (한 바퀴) 돌다. 순환[순회]하다. ② 여기저기 돌아다니다.

* 民 : 백성. 국민.

* 貧弱 : 빈약.

* 梁の恵王 : 중국 양나라의 혜왕.

  ※ 이 이야기는 『孟子』梁恵王篇 第一에 나옴.

* 隣国 : 인국. 이웃 나라. 「りんこく」라고도 함. ☞ ～の誼. 인국의 정의(情誼) 또는 친분.

* もしも : 만약. 「もし」의 힘줌말.

* 戦い : 싸움. 전쟁. 투쟁. 「闘い」로도 씀.

* 利あらず : 불리하다. 이롭지 않다.

  ☞ 戦い～. 싸움이(전세가) 불리하다.

  時、～. 때가 이롭지 않다.

* 武器 : 무기. 병기.

* 退却 : 퇴각.

* 状況 : 상황.

* 止まる : ① 멈추다. 그치다. ② 묵다. 머물다. = 留まる.

* 退(しりぞ)く : ① 후퇴하다. ② 물러가다. 물러나다.

* 卑怯(ひきょう) : 비겁.
  ▶ ~者(もの). 비겁한 사람.
  = 比興者(ひきょうもの).
  ▶ 臆病者(おくびょうもの) : 겁쟁이.
  → 「卑怯」는 「比興」의 当(あ)て字(じ)(取音字)라고 함.

* 侮(あなど)る : 깔보다. 업신여기다. 얕보다.
  ▶ 侮辱(ぶじょく). 모욕.

* 蛇足(だそく) : 사족. 군더더기.

* 余計(よけい) : ① 쓸데없음. 불필요함. 지나침. ② 물건이 남아돌아 감. 여분. ③ 더욱 한층.

* 付(つ)け足(た)す : 첨가하다. 덧붙이다.

* 召使(めしつかい) : 머슴. 하인. 하녀.

* 蛇(へび) : 뱀.
  ▶ 蝦(えび). 새우. 「海老(えび)」로도 씀.

* 更(さら)に : ① 그 위에. 더욱 더. ② 다시. 거듭. ③ (뒤에 否定이 올 경우) 조금도. 도무지.

* 無用(むよう) : ① 무용. 쓸데없음. 필요 없음. ② 금지.
  ▶ 心配(しんぱい)ご~. 걱정할 필요 없음.
  ▶ 立入(たちい)り~. 출입금지.

日本語 名文讀解

2007년 8월 27일 초판 1쇄 인쇄
2007년 8월 31일 초판 1쇄 발행

   편저자 : 강 석 원
   발행인 : 오 영 교

동국대학교출판부

100-715 서울특별시 중구 필동 3가 26
Tel : (02)2260-3483~4 / Fax : (02)2268-7851
Home page : http://dgpress.dongguk.edu
E-mail : book@dongguk.edu
출판등록 : 제2-163(1973.6.28.)
제작: 광암문화사(02-334-7060)

ISBN 978-89-7801-193-8 93730   값 10,000원

小川未明氏・荻原井泉水氏・の著作権継承者の方は、
連絡先をお教え下さいますよう、お願い致します。(出版部)